Voyage sentimental en France et en Italie

par M. Yorick

Laurence Sterne

Voyage sentimental en France et en Italie *par M. Yorick*

Traduit de l'anglais par Léon de Wailly

Revu, corrigé et préfacé par Laurent Folliot

ÉDITIONS FRANCE LOISIRS

Titre original : *A Sentimental Journey through France and Italy*

Les illustrations de Bernard Roy sont reproduites d'après une édition de 1927 du *Voyage sentimental*, dans la collection « Scripta Manent », À l'enseigne du Pot Cassé, Paris.

Édition du Club France Loisirs,
avec l'autorisation des Éditions Payot & Rivages.

Éditions France Loisirs,
123, boulevard de Grenelle, Paris
www.franceloisirs.com

ISBN : 978-2-298-12761-4

On a retenu comme base de la présente édition la traduction de Léon de Wailly, originellement publiée en 1841. Wailly, homme de lettres ami de Vigny et Berlioz, traducteur assidu de l'anglais (Sterne, Swift, Lewis), fut parmi les premiers à rompre avec la nonchalance et la fantaisie des versions précédentes, et la sienne a longtemps joui d'une certaine autorité. Elle possède en plus une saveur qu'on a voulu conserver, tout en la corrigeant là où c'était nécessaire.
Les notes sans la mention (N.d.A.) *sont de Laurent Folliot.*

Préface

Voir ou ne pas voir : les divagations du pasteur Yorick en France

C'est un homme célèbre, et un homme malade, qui s'attelle à la rédaction du *Voyage sentimental* durant l'été 1767. Célèbre, d'abord, depuis que, sept ans plus tôt, la parution des deux premiers volumes de *La vie et les opinions de Tristram Shandy* a créé une des sensations littéraires les plus spectaculaires du siècle. Né en Irlande en 1713 d'un père militaire dont il a hérité un certain goût pour le pathos de l'uniforme, Laurence Sterne avait fait des études sans éclat au collège d'Halifax, dans le Nord de l'Angleterre, puis comme boursier à Cambridge, avant d'embrasser une carrière ecclésiastique assez modeste dans une paroisse reculée du Yorkshire, dont la monotonie fut à peine rompue par quelques sermons publiés çà et là. C'est de cette obscurité, contente ou résignée, que semblent sourdre à gros bouillons les logorrhées de Tristram, le narrateur interminable qui échoue à venir au monde avant le troisième volume de son autobiographie, et dont les divagations et les maladresses calculées prennent à rebrousse-poil toutes les habitudes de l'écriture romanesque. *Tristram Shandy* tourne le dos au picaresque comme à la romance, inaugure au lieu du mouvement de la route et des revers de la fortune un espace singulier, resserré, celui d'une domesticité ridiculement sédentaire et pourtant infiniment chaotique dans laquelle l'auteur fait le tour des multiples discours qui parasitent le siècle, en même temps qu'il esquisse les contours de l'humanité essentielle et vulnérable à laquelle ce dernier est de plus en plus sensible. Aujourd'hui ce roman, dont on sait qu'il a inspiré Diderot pour *Jacques le Fataliste*, est souvent évoqué comme l'origine de toutes les modernités et déconstructions du genre ; à l'époque il fait l'effet d'une extrême nouveauté (*novelty* : étrangeté, aussi) sur un public qui n'aime rien tant que les surprises. Sterne se voit soudain recherché par le beau monde et par les hommes de lettres ; le scandale ne manque pas au rendez-vous, provoqué par les franches équivoques qui jaillissent en permanence sous la plume de ce clergyman. Mais la renommée ne va pas sans difficultés. Après trois livraisons et six volumes, les ventes commencent à stagner, les critiques à parler de procédé. Sterne sent qu'il lui faut renouveler la nouveauté de son entreprise. Il a fait dans son roman la satire des routines romanesques ; depuis un moment il pense s'attaquer à un autre genre en vogue, le récit de voyage ; il pourra en puiser la matière brute dans ses deux récents séjours sur le continent, de Paris à l'Italie. Déjà, en 1765, il s'est essayé à une parodie de guide touristique dans le septième volume de *Tristram Shandy*. Il en fait la trame d'une œuvre tout entière : le *Voyage sentimental* sera, annonce-t-il à un correspondant, « quelque chose de neuf, tout à fait hors des sentiers battus », qui lui permettra aussi de relancer l'inspiration de *Tristram* et de l'amener à son terme, au plus vite.

Car notre auteur, on l'a dit, est malade. Il se sait phtisique depuis longtemps, mais désormais sa santé ne fait qu'empirer. La logique commerciale de ce *Voyage sentimental* s'augmente de celle, plus grimaçante, qui envoie tous les ans des centaines d'Anglais sur les rives de la Méditerranée dans une dernière tentative pour prolonger leurs jours ; Sterne, d'ailleurs, mourra en mars 1768, quelques semaines après la publication de la première partie de son *Voyage* ; la seconde ne paraîtra jamais, et malgré le titre du livre le pasteur Yorick ne verra pas l'Italie. Il est, de plus, passablement ébranlé par l'attachement qui le lie à Eliza Draper, une jeune femme sur le point de rejoindre son mari à Bombay, et dont il sait qu'il ne la reverra pas ; il éprouve le besoin d'un changement de ton. Il prête l'oreille aux critiques qui, tel Ralph Griffiths à la *Monthly Review*, le pressent de mettre un bémol à son excentricité et à sa grivoiserie, veulent de la religion et du pathétique. Son *Voyage*, promet-il sans cesse à ses correspondants, sera d'une chasteté impeccable. Au-delà de ce vertuisme, dont on pourrait sourire un peu facilement, d'autant que l'auteur peine à s'y tenir, il s'agit pour Sterne de ne plus faire place qu'aux émotions les plus nobles et les plus délicates, de parvenir par une sorte de discipline du sentiment à faire œuvre de rédemption, c'est-à-dire aussi de réconciliation avec le monde, en laissant derrière lui ce qu'il pouvait y avoir de plus grinçant dans *Tristram Shandy*. D'où un changement d'humeur, et une certaine complexité à ce récit de voyage. D'un côté, la satire n'est jamais très loin. Sterne moque le « voyageur vain » et le « voyageur inquisiteur », à une époque où la pratique du Grand Tour commence à se démocratiser, où un lectorat élargi se montre friand d'antiquités et d'actualités étrangères. Pour beaucoup d'observateurs, le grand malheur des Anglais est de ne pouvoir rester en repos dans une chambre, cette chambre dont Tristram ne sortait guère avant que la Mort ne vienne le jeter dans sa fuite effrénée vers les pays du soleil. Le jugement se retrouve chez Sterne, qui en sa qualité de pasteur avait composé plusieurs sermons sur la vanité des affairements humains ; il est d'accord avec Sancho Pança, qui faisait remarquer à Don Quichotte que c'était bien se crotter pour « des spectacles qu'ils eussent pu voir à pied sec chez eux », et dans *Tristram* le fameux Joseph Addison, auteur d'un *Voyage en Italie* très admiré, apparaissait galopant « avec une sacoche pleine de livres d'écolier pendue au c-l, écorchant à chaque foulée la croupe de sa bête ». À la curiosité inquiète des voyageurs modernes, à leur ambition de la grande boucle, il semble parfois préférer le branle immobile de l'écriture, imprimant au récit de voyage les saccades et les secousses parodiques de *Tristram Shandy* : la préface en sera composée dans un véhicule à l'arrêt, rangé dans la cour d'une auberge de Calais, comme pour suggérer qu'il importe peu d'aller très loin, et qu'à tout prendre on pourrait autant s'arrêter là. Mais ce préfacier, qui se désigne lui-même comme voyageur sentimental et par là infiniment distinct de tous les autres, ce n'est plus Tristram, c'est le pasteur Yorick, le plus exemplaire des protagonistes du roman, ainsi baptisé en référence à *Hamlet* : bouffon du roi, mais aussi homme mortel par excellence ; d'ailleurs, pour qui a lu le premier volume de *Tristram*, il est déjà mort, en sursis comme son auteur, donc, et comme lui homme de Dieu. Son embarquement soudain, fruit d'un coup de tête dont on ne saura jamais la cause, trahit les confusions et les contradictions de l'humanité abusée, et aussi la nécessité vitale de l'ouverture et de la découverte, du départ pour l'imprévu, de la rupture avec les ressassements et les étouffements de Shandy Hall. Dire que c'est un homme de bonne volonté relève de la litote. Il ne voyage pas en quête d'inscriptions et d'institutions, mais d'une vérité universelle du cœur humain, à laquelle il entend s'exposer dans une communion de chaque instant, avec le sourire affable d'une mort apaisée, et qu'il trouve pêle-mêle dans la politesse d'une gantière, dans l'affliction d'un paysan qui a perdu son âne, dans l'indéfectible bonne humeur d'un valet incompétent.

La nouveauté de cette conception doit beaucoup, en réalité, aux *Voyages en France et en Italie* que Tobias Smollett avait publiés en 1766. D'abord parce que c'est cette parution rivale qui a donné l'impulsion décisive au projet d'envoyer Yorick en pèlerinage sur le Continent, à tel point que maintes notations de l'ouvrage de Smollett semblent servir de repères à celui de Sterne, depuis le prix d'une bouteille de bourgogne jusqu'à un exposé sur le rachitisme français ; et surtout parce qu'il suggérait immédiatement, en négatif, le modèle de ce que serait le voyage sternien. Là où Smollett, romancier picaresque mais aussi pamphlétaire amer et francophobe, chirurgien, hygiéniste vétilleux et valétudinaire irritable, gentiment affublé par Sterne du sobriquet de « Smelfungus » (Reniflemoisi), perçoit toutes choses « déformées et décolorées » par sa « jaunisse »,

Yorick s'enchantera de la moindre rencontre, en vertu de la disposition charitable et ouverte qu'il emporte partout comme un viatique. D'où un cosmopolitisme presque évangélique, dont Sterne s'est amusé à forcer quelque peu le trait, par exemple en faisant oublier son passeport à Yorick avant de traverser la Manche, alors que le traité de Paris n'est pas encore signé, et la France et l'Angleterre toujours en guerre. Non que le voyageur sentimental ignore totalement la géopolitique des sentiments : il en joue autant qu'il s'en joue. Il *sait bien*, si l'on veut, que les Français ne seront jamais des Anglais, que leurs qualités ne sont que de surface et qu'il faut s'en méfier. À Versailles, Yorick expose à un noble la vieille doctrine de l'authentique individualité anglaise opposée aux manières et aux caractères trop lisses, indiscernables, des Français; dans une péroraison célèbre, il pourfend l'arbitraire royal et la Bastille son symbole. Mais surtout, il sait que ses lecteurs savent tout cela. Il ne se soucie pas de réhabiliter objectivement la France aux yeux des Anglais, même si le *Voyage*, fort prisé du public français pendant un bon siècle, y a bel et bien contribué. Il a décidé une fois pour toutes de voir ses hôtes sous leur meilleur jour. Sa ligne est simple. Là où les voyageurs anglais, tel Smollett, ont pour maxime qu'il vaut mieux donner une livre que de se faire avoir d'un sou, lui préfère donner toujours, dût-il se retrouver les poches vides. Il goûte, bien sûr, une joie de grand seigneur à se répandre en bienfaits – il faudrait presque l'entendre au sens littéral – sur les mendiants de Montreuil, si dignes et si urbains. Mais il donne même (surtout ?) quand le besoin n'est peut-être pas absolument candide, quand il s'est un peu apprêté pour assurer son coup. Ainsi du moine franciscain de Calais, à la tête noble et pensive comme un tableau du Guide, qui lui propose d'échanger leurs tabatières en signe de paix entre les religions : scène touchante d'humanité et d'œcuménisme, n'était que la tabatière du moine est de corne, et celle de notre Anglais en écaille de tortue ; de même, à Paris, l'aimable grisette qui lui vend une paire de gants – après lui avoir complaisamment permis de tâter son pouls – fait preuve d'une obligeance toute propre à tirer un bon prix de l'exalté. Dans les deux cas, le détail de la narration jette sur les effusions du narrateur un reflet embarrassant, et on pourrait croire Sterne occupé à exploiter le vieux filon de la filouterie française, ou plus simplement à tempérer les bons sentiments qu'il semble professer. Mais il ne s'agit ni de naïveté ni de cynisme, du moins pas seulement : Yorick trouve quelque chose d'extatique, au fond, dans la possibilité de se faire rouler. C'est à ce prix, donc aussi à celui de la dérision, qu'il se retrouve en majesté (Yorick a l'habitude curieuse de se comparer au roi de France) ; c'est ainsi qu'il retourne l'obstacle de ces mots et de ces mœurs qui prolifèrent dans le texte, et qu'il ne maîtrise qu'imparfaitement[1].

C'est que Yorick est un digne voyageur de la Manche, beaucoup moins Sancho que Don Quichotte. Rappelons que Sterne est profondément marqué par Cervantès, pas seulement parce que le roman de Cervantès est un métaroman, ni parce que ses héros vagabondent d'auberge en auberge, mais en ce que le donquichottisme est pour lui un idéal éthique et esthétique de l'écriture. L'habit ecclésiastique de Yorick l'apparente déjà à un type répertorié de la littérature anglaise : la folie de noblesse de l'hidalgo acclimatée dans la personne d'un pasteur de campagne, inadapté mais toujours débordant de bienveillance et de bienfaisance, comme le pasteur Adams chez Fielding; et dans *Tristram Shandy*, le « ton cervantesque » de ses dernières paroles disait à la fois la sublimité de l'âme bonne et le pathétique de sa destinée incomprise. Mais dans la deuxième vie qui est maintenant la sienne, ce donquichottisme a dépouillé toute mélancolie et toute modération. En bon eudémoniste de son siècle, Sterne

1. Notons à ce propos que le *Voyage sentimental* regorge d'italiques, dont certains marquent la différence linguistique, et d'autres une simple emphase rhétorique. Pour éviter un alourdissement superflu, et comme l'interprétation correcte se déduit en général du contexte, on n'a pas voulu les distinguer dans cette édition.

fait de cet héroïsme un érotisme et une jouissance. S'offrir, se répandre entièrement, en fermant les yeux sur d'éventuelles irrégularités pour mieux s'abandonner à la douce incandescence de cette communion sous les deux espèces, voilà la souveraineté du sujet sentimental, dont les dévotions vont bien sûr très souvent au beau sexe. Il arrive que la délicatesse et la chasteté en prennent un coup, par exemple quand une autre grisette, mandatée par un hôtelier vaguement proxénète, vient étaler sous les yeux de Yorick des étoffes dont il n'a que faire, « metta[nt] tous ses appas en jeu pour [le] séduire » (*laying herself out to win me*, littéralement « s'exposant » ou « se dépliant »). Face à ce « cas de conscience », il met la main à la poche une fois de plus, sans avoir procédé à la moindre transaction charnelle, parce que la rouerie de la jeune femme est « simple » et « caressante ». Et s'il proteste de son incapacité au moindre péché – Jean Hagstrum a fait observer que tous les mâles, chez Sterne, prêtent au soupçon d'impuissance sexuelle – il n'en a pas moins agréablement prolongé son exposition à la tentation, prérogative suprême du voyageur sentimental : Don Quichotte parmi les filles mais aussi Ulysse au milieu des sirènes, fermant les yeux, en somme, pour mieux regarder en gloire, pour jouir de l'anticipation d'un contact qui n'aura jamais lieu. Cette ingénuité perverse, qui tient sincèrement à sa vertu sans jamais renoncer à sa liberté de « folâtrer », valut à son auteur un long purgatoire littéraire : sous la reine Victoria, Thackeray verra dans Sterne un « satyre obscène » dont les yeux « louchent constamment sous la feuillée ». Elle est cependant essentielle à la visée morale de l'œuvre, comme l'union malaisée d'une âme et d'un corps, comme la seule figuration possible de cette dépense extravagante dont Yorick ne cesse de rêver ; et elle en anime les courants les plus profonds et les plus vifs.

Revenons un moment sur le parti qu'a pu tirer Sterne des *Voyages* de Smollett : ce n'est pas seulement une différence d'humeur, de coloris ou de lunettes, qui sépare les deux écrivains. C'est aussi une différence de point de vue et de perspective. En bon bourgeois britannique épris de *perfectionnements* (*improvements*, progrès personnels mais aussi collectifs, terme omniprésent chez les agronomes et les jardiniers-paysagistes), curieux de savoir jusqu'où les puissances catholiques du continent ont poussé l'imitation des excellences de son pays, Smollett ne semble jamais aussi alerte et allègre que lorsqu'il embrasse et parcourt du regard les villes où il s'arrête : de Boulogne à Nîmes et à Nice, il mesure, jauge, évalue rades et murailles, avenues et aqueducs. Son coup d'œil est panoramique : un survol à caractère d'inspection (en anglais, *survey*), qui ne néglige pas les moyens de contrôle et d'occupation de la population pauvre, et par où l'écrivain joue toujours un peu à l'homme d'État. Chaque fois que son récit, par contraste, retrouve le niveau de la chaussée, ce n'est que saleté, entourloupes, complications bureaucratiques sordides dont il se sort, parfois, en faisant appel à ses relations politiques. Sterne, lui, ne recherche jamais ces vues d'ensemble, et quand il reproche à Smollett, dans les paroles de la Bible, de ne voir que désert et stérilité « de Dan à Bersabée », ce n'est pas qu'il y ait toujours et partout quelque chose à « voir » au sens où l'entend le voyageur inquisiteur. Dans *Tristram* comme dans le *Voyage*, il avertit plusieurs fois le lecteur qu'il ne trouvera dans son récit aucune évocation de monuments ni description d'ouvrages militaires; la seule forteresse mal gardée dont il soit question dans le *Voyage sentimental*, c'est la chasteté d'une salonnière déiste, et sur la route de Versailles il ignore superbement la toute nouvelle fabrique de porcelaine que son prédécesseur a remarquée à Saint-Cloud. Au contraire, il s'enfouit avec délices dans les perspectives les plus confinées : l'un des lieux parisiens par excellence de ce *Voyage*, c'est l'allée étroite entre deux rues guère plus grandes, où jamais carrosse n'a roulé ni flambeau dardé ses rayons – venelle obscure plus que mal famée, comme celle où Yorick rêvassant se figure de tranquilles et chastes amours en compagnie d'une grisette, ou encore celle où il surprend, du bout de l'oreille, le secret d'un mendiant flatteur dont les instances auprès des femmes ne manquent jamais. C'est qu'en définitive il s'agit d'en « voir » le moins possible : un certain obscurcissement, une certaine myopie sont l'élément vital de l'écriture de Sterne. Tristram se targuait de n'avoir absolument rien aperçu de Calais, parce qu'il y avait débarqué à la nuit tombée et qu'il faisait encore noir quand il l'avait quittée ; et il se gaussait de ceux qui voulaient mesurer la façade de l'abbaye de Montreuil, ajoutant qu'il valait mieux mesurer Jeanneton, surtout quand on avait la mort aux trousses. Dans le *Voyage*, la rencontre entre Yorick et madame de L*** n'est intéressante que parce que les deux personnages se retrouvent le visage tourné vers le *dead blank*, la surface vide ou morte, de la porte de la remise, et il n'est même plus question de mesurer madame, seulement de la croquer en imagination. Jamais peut-être, et malgré un certain acharnement de la critique à situer Sterne au sein de la tradition classique du roman, on n'avait fait si cavalièrement fi de l'objectivité du monde extérieur, refusé de manière aussi systématique de décrire, au nom de l'exactitude, une tour de guet ou une manufacture, ou comme dirait Breton d'entrer dans une chambre tapissée de papier jaune, à moins qu'elles ne puissent se prêter aux désirs et aux caprices de l'imaginaire.

Ce n'est donc pas un miroir que Sterne promène au bord du chemin, mais une sorte de loupe qu'il applique à la jointure de l'univers physique et de l'univers moral, faite pour grossir le moindre tressaillement de l'humeur et des émotions. Il n'y a guère de tableaux de genre dans le *Voyage sentimental*, ou alors ils ont l'idéalité du rêve ; il y a même assez peu de portraits en pied. On saisit surtout des gestes, des expressions, des parties du corps, des intervalles ou des interstices entre les corps. L'émiettement de la narration en vignettes, ou plutôt en moments distincts, participe de ce mouvement : parodie, bien sûr, de tous ces guides et récits de voyage proprement divisés en rubriques dont chacune correspond à une étape sur la route, ou à l'une des principales curiosités de chaque ville, ainsi lorsque Sterne intitule deux sections de son roman « La porte de la remise, Calais » ; mais ces rubriques remplissent, en plus, la même fonction que la ponctuation notoirement excentrique de l'auteur[1]. Il s'agit de donner à ressentir l'intensité vécue du moindre moment de désir et d'embarras, de laisser vibrer, dans l'espacement des chapitres, ces paroles qui portent au mieux les motions de l'âme et du sang. Ainsi à la fin de « La Remise » : « Alors je déclare solennellement, dit la dame en

1. La ponctuation chez Sterne semble enfreindre toutes les règles : elle brouille souvent, à dessein, la distinction entre récit et discours, et au sein de ce dernier, entre les voix qui se répondent. On a choisi de la maintenir telle quelle, pour respecter cette confusion savante qui est le propre de l'auteur.

rougissant – que vous m'avez fait l'amour tout ce temps. » Ces vibrations de la voix, des voix rendues étranges par les espaces confinés où elles résonnent, parcourent tout le *Voyage sentimental*, non plus à la manière de la cacophonie de *Tristram Shandy*, mais comme un tâtonnement onirique vers autrui, dont les nombreuses méprises qu'il rencontre n'ôtent rien à l'intensité vitale. Sterne le clergyman s'entend à transformer la chair en verbe – c'est la délicatesse du pasteur Yorick, sa façon sentimentale de prêcher – mais aussi les mots en chair, par exemple lorsqu'une parole pénétrée se prolonge en un serrement de main imperceptible, ou quand Yorick se croyant seul pense tout haut, avec un brin de théâtre, et qu'un interlocuteur inattendu vient lui faire écho ou le frôler. À maints égards, le roman n'offre pas tant un voyage à travers la France qu'aux confins de la personne, à la limite des corps et des êtres. C'est une exploration du grand « SENSORIUM » du monde, de cette « sensibilité » que Sterne apostrophe triomphalement vers la fin de son récit comme s'il avait, enfin, mis la main sur son objet, et dont la vie universelle ne s'appréhende que par ces coupes grossissantes, irréelles, dans le visible et dans l'audible. Si les ressorts physiologiques de l'émotion fascinent la médecine et la philosophie du XVIIIe siècle, et si la gamme de ses expressions fascine la littérature et la morale, aucun écrivain n'a aussi intimement rapproché ces deux aspects pour en faire le matériau de ses expériences formelles. Lorsque Yorick, seul avec la belle *fille de chambre* dans sa pièce aux rideaux cramoisis traversés par le soleil couchant, se met à rougir à l'idée qu'elle puisse rougir, et que le jeu des nerfs et du sang (qui « jaillit impétueusement du cœur ») vient se juxtaposer dans le texte à l'éblouissement des lumières et des visages, on dirait que l'intérieur et l'extérieur s'épanchent l'un dans l'autre, et que le cocasse de la situation se double d'une splendeur insoutenable. Texte-membrane porté par un Don Quichotte aux antennes délicates, qui dans sa gaucherie et sa myopie voit et sent mieux que quiconque : c'est ainsi que le *Voyage sentimental* apaise sans y mettre fin la tension qui l'habite, entre sentiment et sensualité, piété et paillardise, scènes édifiantes et fourmillements anatomiques.

Là encore, à ce compte, il ne faut pas grand-chose de concret à l'écrivain, qui redessine la carte des déplacements conventionnels selon l'ordre plus ou moins caché de ses émois. L'espace-temps, si l'on ose dire, du *Voyage sentimental* – la France de Sterne – paraît d'abord d'une grande simplicité, celle de la satire, celle aussi du sentiment qui n'a cure des impératifs touristiques; mais il est traversé d'étranges connexions souterraines. Le premier livre semble décrire une parodie de ligne droite : c'est la plate évidence du trajet de Calais à Paris, illustrée par la remarque du « voyageur simple » qu'Amiens se trouve sur la route de la capitale. Ligne droite qui a pour pendant un semblant d'intrigue, aussi longtemps que le lecteur continue de se demander si Yorick va ou non renouer avec la belle Flamande rencontrée face à la porte de la remise de Calais, la lettre qu'elle lui a donnée pour madame de R***, à Paris, prolongeant cette ébauche d'aventure amoureuse. Au-delà, tout se complique. Parmi la variété des spectacles parisiens, il semble que toute direction se perde : les rencontres se multiplient sans aboutir davantage, tout comme les digressions, les retours en arrière et les récits enchâssés, depuis les aperçus de biographies édifiantes – l'aristocrate pâtissier, le hobereau breton – jusqu'au pseudo – conte rabelaisien avec sa promesse non tenue d'épisodes extraordinaires. Le texte se ramifie, se disperse dans un vertige des vies et des écritures possibles. À ce mouvement de fragmentation, cependant, s'en ajoute un autre, comme un contre-point discret mais entêtant, comme si l'on sentait obscurément qu'on était sur le point d'arriver, sans savoir au juste où. On a souvent noté, chez Sterne, l'importance de la « ligne serpentine » hogarthienne, des arabesques et des sinuosités de la fantaisie, d'une beauté qui se cherche dans le caprice et l'esquive ; il y a aussi une urgence soudaine de la ligne droite, celle, on l'a dit, qui emmène Tristram vers le Midi et au bout du monde si nécessaire, ou celle qui expédie d'un trait Yorick à Calais, et plus directement encore de Paris aux vertueuses retraites des profondeurs du pays. Ce n'est pas seulement, comme on l'a suggéré, une ligne de fuite ou une précipitation tragique : c'est aussi une réduction à l'essentiel. À cela, il y a d'abord quelques explications historiques : si le passage en Italie n'aura jamais lieu, ce n'est pas simplement que Sterne est mort avant d'achever son ouvrage, c'est aussi qu'il est contemporain de Rousseau, et qu'il y a donc de puissantes motivations symboliques à ce que le récit s'absente dans ces hauts lieux, si éloignés de la frivolité des capitales. En deux temps : il y a d'abord le Bourbonnais, à l'identité bizarrement floue, entrevu sous des jours contradictoires, tantôt jardin de France ployant sous les vendanges, tantôt « montagnes froides », solitaires, où le rude berger pleure l'agneau saigné à mort. Bourbonnais, Beaujolais, Touraine, Cévennes? La géographie de Sterne semble ici bien fantaisiste, la couleur locale bien peu marquée. Ce qui compte, c'est, entre la démence pathétique de Maria de Moulins et le tableau comme hors du temps que brosse l'auteur de la danse des paysans de Tarare, de révélation en révélation pour ainsi dire, le sentiment croissant, scandé par des références bibliques religieuses plus nombreuses, d'une élévation et d'une initiation spirituelles. Cette France étrange a de quoi surprendre un lecteur d'aujourd'hui, mais au XVIIIe siècle, de Goldsmith à Wordsworth, elle a été plusieurs fois l'espace de la religion naturelle ou d'un état sociable de la nature, où le touriste anglais aime à vagabonder au gré des plaisirs humbles ; c'est très logiquement qu'elle se prolonge et culmine parmi les vallées et les cimes de la Savoie, au milieu des tempêtes et d'une noble pauvreté. Le récit de Sterne ne saurait avoir pour défaillir un endroit plus adapté qu'une de ces auberges étrangères où Tristram disait vouloir mourir en paix, abritée de surcroît par le sublime des éléments et des vertus primitives : c'est sans doute le moment le plus clairement préromantique de toute son œuvre.

Ce n'est pas tout à fait, cependant, le mot de la fin. À cette géographie culturelle partagée, dont Sterne ne cherche pas à affaiblir l'attrait, vient se surajouter, un peu comme par magie, l'imaginaire tout personnel du pasteur Yorick. Les hasards de la tempête lui offrent de nouveaux objets d'effusion, de nouvelles sources d'embarras. Il doit, à son corps défendant, partager sa chambre avec une dame et sa suivante : circonstance délicate qui donne lieu à de longues négociations pour préserver la pudeur de la nuit, et débouche sur un traité, nous dit-il, aussi honnête que traité le fut jamais, quoique préludant à une guerre froide aussi délicieuse qu'intenable. Ce noir complet dans lequel trébuchent les résolutions et les désirs de nos voyageurs n'est certes pas tout à fait celui du sommeil consolateur que Sancho Pança comparait à la chaleur d'un manteau, et ce n'est pas non plus celui dont la matité muette, au début de *Tristram*, symbolisait le repos du pasteur Yorick au-delà des regrets et des conjectures. Mais c'est une atmosphère bien sternienne, qui tient un peu des deux. C'est l'obscurité féconde en chimères où les lapsus transforment la prière en jouissance, où le pouls de la vie s'attarde à battre avec une douce langueur, où résonnent à loisir les vibrations du souvenir et du fantasme. C'est pourquoi on y pressent comme l'écho de retrouvailles féeriques : ce n'est sûrement pas un hasard si la suivante de la dame, d'abord désignée comme *maid* (vierge, aussi), devient ensuite – après quelques libations et les lumières une fois éteintes – une *fille de chambre*, en français dans le texte, comme celle dont Yorick a héroïquement souffert l'éclat et deviné la chaleur quelques dizaines de pages plus haut, dans son hôtel aux rideaux cramoisis ; et ce n'est pas davantage un hasard qu'il soit à nouveau question de rideaux soigneusement tirés dans les ténèbres de cette dernière page. Ni que Yorick, lorsqu'il étend la main hors du lit pour protester de son innocence, rencontre à ce moment précis, avec un embarras que nous ne saurons même pas, le corps non point de la dame, mais de la *fille de chambre* qui s'est faufilée hors de son cabinet pour prévenir une éventuelle dispute. Précisons que nous resterons à jamais dans l'incertitude quant au mot de la fin, qu'au vrai les spécificités de la grammaire anglaise rendent intraduisible. Sterne écrit : *when I stretch'd out my hand, I caught hold of the Fille de Chambre's*, « en étendant la main je saisis celle de la fille de chambre ». Rien de plus habituel pour Yorick, qui a souvent saisi des mains comme par mégarde, à ceci près que l'absence de point final dans le texte suggère forcément un autre complément à ce génitif, et que le pasteur dans son inadvertance a saisi, de la femme de chambre, quelque autre chose, organe ou partie du corps mystique et mystérieux, mais à coup sûr aussi béatifique que désastreux pour la sensibilité du voyageur sentimental.

Laurent FOLLIOT

VOLUME I

UN VOYAGE SENTIMENTAL, ETC, ETC.

— Cela, dis-je, est mieux réglé en France –

— Vous avez été en France? repartit mon domestique, se tournant vivement de mon côté de l'air de triomphe le plus civil du monde. – Étrange! dis-je, agitant la question à part moi, qu'une traversée de vingt et un milles, car il n'y a positivement pas plus loin de Douvres à Calais, puisse donner de tels droits à un homme – j'y regarderai de plus près; si bien qu'abandonnant la discussion – j'allai droit à mon logis, je fis un paquet d'une demi-douzaine de chemises et d'une culotte de soie noire – « l'habit que je porte là, dis-je en regardant la manche, fera l'affaire » – je pris une place dans la diligence de Douvres; et le paquebot mettant à la voile le lendemain matin à neuf heures – à trois je m'étais assis à dîner devant une fricassée de poulet, et si incontestablement en France que quand je serais mort d'indigestion cette nuit-là, le monde tout entier n'aurait pu suspendre les effets des *droits d'aubaine*[1] – mes chemises, ma culotte de soie noire – mon portemanteau et tout le reste auraient passé au roi de France – et même le petit portrait que j'ai sur moi depuis si longtemps, et que si souvent je t'ai promis, Éliza, d'emporter dans la tombe, on me l'aurait arraché du cou. – C'est bien peu généreux! – vous emparer des dépouilles d'un passager imprévoyant que vos sujets avaient attiré sur leurs côtes – par le Ciel! – *SIRE*, cela n'est pas bien; et ce qui me peine fort, c'est que j'aie à disputer avec le monarque d'un peuple si courtois et civilisé, et si renommé pour le sentiment et les belles émotions –

Mais j'ai à peine mis le pied dans vos États –

1. Tous les effets des étrangers qui meurent en France (Suisses et Écossais exceptés), sont saisis en vertu de cette loi, quand bien même l'héritier se trouverait sur place – et le profit de ces hasards étant mis à ferme, il n'y a point de redressement possible. *(N.d.A.)*

Calais

Quand j'eus fini de dîner et bu à la santé du roi de France, pour m'assurer que je ne lui gardais point de rancune, mais qu'au contraire j'honorais hautement l'humanité de son caractère – je me levai grandi d'un pouce par cet accommodement.

— Non – dis-je – les Bourbons ne sont nullement une race cruelle ; ils peuvent s'égarer tout comme d'autres ; mais il y a de la douceur dans leur sang. Comme je convenais de cela, je sentis se répandre sur ma joue une rougeur d'une nature plus noble – plus chaude et plus amie de l'homme, que le bourgogne (du moins à deux livres la bouteille, tel qu'était celui que j'avais bu) n'aurait pu en produire.

— Juste Dieu ! dis-je en repoussant mon portemanteau d'un coup de pied, qu'y a-t-il donc dans les biens de ce monde pour nous aigrir ainsi l'esprit, et semer en nos cœurs fraternels tant de ces cruelles divisions qui nous brouillent sur notre voie !

Quand l'homme est en paix avec l'homme, combien le plus lourd des métaux devient léger dans sa main, plus léger même qu'une plume! Il tire sa bourse et, la tenant d'une main allègre, sans la comprimer, regarde autour de lui comme s'il cherchait quelque objet avec quoi la partager – Ainsi faisais-je, et je sentais dans mon corps chaque veine se dilater – mes artères battaient toutes joyeusement d'accord, et chacune des facultés qui maintiennent la vie s'acquittait de sa tâche avec si peu de frottement, que c'eût été de quoi confondre la *précieuse* la plus *physicienne* de France : avec tout son matérialisme, elle n'eût guère pu m'appeler une machine –

Je suis convaincu, me dis-je, que j'aurais renversé sa doctrine.

L'avènement de cette idée parut monter en moi la nature aussi haut qu'elle pouvait aller – j'étais déjà en paix avec le monde, et ceci concluait le traité avec moi-même –

— Si j'étais roi de France, à présent, m'écriai-je, quel beau moment ce serait pour qu'un orphelin me demandât le portemanteau de son père!

Le moine
Calais

J'eus à peine prononcé ces mots, qu'un pauvre moine de l'ordre de Saint François vint dans la pièce demander quelque chose pour son couvent. Nul n'a cure de voir ses vertus devenir le jouet des contingences – ou alors, tel homme peut être généreux, comme tel autre est puissant – *sed non, quo ad hanc* – ou alors, peu importe le pourquoi – car on ne saurait raisonner régulièrement sur les flux et reflux de nos humeurs ; ils peuvent, autant que je sache, dépendre des mêmes causes qui président aux marées – et souvent ce ne serait point nous faire injure que de le supposer : je suis sûr du moins, pour ma part, qu'en bien des cas je serais beaucoup plus satisfait que le monde dît de moi « que j'avais eu une affaire avec la lune, dans laquelle il n'y avait ni péché ni déshonneur », que de voir imputer à mon propre mouvement un acte où il y aurait de l'un et de l'autre en quantité.

— Mais peu importe. Je n'eus pas plus tôt jeté les yeux sur lui, que je fus résolu à ne pas lui donner le moindre sou ; par conséquent je remis ma bourse dans ma poche – boutonnai cette dernière – me carrai un peu plus d'aplomb – et m'avançai gravement vers lui ; il y avait, je le crains, quelque chose de sévère dans mon aspect ; j'ai sa figure en ce moment devant les yeux, et je pense qu'il y avait quelque chose en elle qui méritait mieux.

Le moine, jugeai-je au cercle rompu de sa tonsure, dont il ne restait plus que quelques cheveux blancs épars sur ses tempes, pouvait avoir environ soixante-dix ans – mais d'après ses yeux, et l'espèce de feu qui les habitait, et qui semblait tempéré par la courtoisie plutôt que les années, il n'en avait pas plus de soixante – La vérité se trouvait peut-être entre les deux – Il avait certainement soixante-cinq ans ; et l'aspect général de son visage, bien que quelque chose parût y avoir creusé des rides avant le temps, s'accordait avec ce calcul.

C'était une de ces têtes que le Guide a souvent peintes – douce, pâle, pénétrante, étrangère à toutes les idées communes d'une ignorance grasse et satisfaite, aux yeux toujours baissés vers la terre – elle regardait droit devant elle ; mais elle semblait regarder quelque chose au-delà de ce monde. Comment un membre de son ordre s'en était retrouvé possesseur, le ciel, qui la laissa choir sur les épaules d'un moine, le sait mieux que nous ; mais elle aurait convenu à un brahmane, et si je l'avais rencontrée dans les plaines de l'Hindoustan, je l'aurais vénérée.

Le reste de sa figure se peut esquisser en quelques traits ; on pourrait la donner à dessiner par le premier venu, car elle n'avait d'élégance ou d'autre qualité du même genre que ce qui lui venait du caractère et de l'expression :

c'était une forme mince, maigre, un peu au-dessus de la taille moyenne, si elle n'eût perdu cet avantage à se pencher vers l'avant – mais c'était l'attitude de la Supplication ; et telle qu'elle se présente maintenant à mon imagination, elle y gagnait plus qu'elle n'y perdait.

Quand il eut fait trois pas dans la chambre, il s'arrêta ; et posant la main gauche sur sa poitrine (dans sa droite était un mince bâton blanc, son bâton de voyage) – lorsque je me fus approché de lui, il se présenta en me racontant la petite histoire des besoins de son couvent, et de la pauvreté de son ordre – et il le fit avec une grâce si simple – et il y avait un tel air d'imploration dans toute sa mine et son maintien – il fallait que je fusse ensorcelé pour n'en être pas frappé –

Une raison meilleure, c'est que j'étais résolu d'avance à ne pas lui donner le moindre sou.

LE MOINE
CALAIS

— Cela est fort vrai, dis-je, répondant à un regard vers le haut par lequel il avait terminé sa harangue, cela est fort vrai – et le ciel serve de ressource à ceux qui n'en ont pas d'autre que la charité du monde, dont l'avoir, je le crains, est loin de pouvoir suffire à toutes les *sollicitations impérieuses* qui lui sont continûment adressées.

Comme je prononçais les mots *sollicitations impérieuses*, il jeta un léger coup d'œil sur la manche de son froc – je sentis toute la force de cette instance – j'en conviens, ajoutai-je – un habit grossier, et cela tous les trois ans seulement, avec une maigre chère – ne sont pas grand-chose ; et le point vraiment déplorable, sachant qu'il faut en ce monde si peu d'industrie pour les gagner, c'est que votre ordre veuille se les procurer en grevant un fonds qui est la propriété des boiteux, des aveugles, des vieillards et des infirmes – le captif qui gît au sol, comptant et recomptant sans cesse les jours de son affliction, languit lui aussi après une part de ce fonds ; et si vous aviez été de *l'Ordre de la Merci*, au lieu de l'ordre de Saint François, tout pauvre que je suis, continuai-je en montrant du doigt mon portemanteau, c'est de bien bon cœur que je vous l'aurais ouvert pour la rançon de ces malheureux – Le moine me fit un salut – mais de tous les malheureux, repris-je, ceux de notre propre pays, assurément, ont les premiers droits ; et j'en ai laissé des milliers dans la détresse sur nos rivages – Le moine fit un signe de tête plein de cordialité – comme pour dire : Sans doute, il ne manque pas de misère dans tous les coins du monde, pas plus que dans notre couvent – Mais nous distinguons, dis-je en posant la main sur la manche de son froc en réponse à son instance – nous distinguons, mon bon père ! entre ceux qui veulent seulement manger le pain de leur propre labeur – et ceux qui mangent le pain des autres, et n'ont d'autre plan de vie que de la traîner dans la paresse et l'ignorance, *pour l'amour de Dieu.*

Le pauvre franciscain ne répliqua rien. Une teinte cramoisie passa un instant sur sa joue, mais n'y put s'attarder – la Nature, en lui, semblait en avoir fini de ses ressentiments ; il n'en montra point – au contraire, laissant son bâton retomber sous son bras, il pressa avec résignation ses deux mains sur sa poitrine et se retira.

Le moine
Calais

Mon cœur se serra dès qu'il eut fermé la porte – Bah ! dis-je d'un air d'insouciance, à trois reprises différentes – mais rien n'y fit : toutes les syllabes déplaisantes que j'avais proférées me revinrent en foule à la mémoire : je réfléchis que je n'avais sur ce pauvre franciscain d'autre droit que de le refuser, et que ce désappointement était une punition suffisante sans y ajouter des paroles dures – je considérai ses cheveux gris – cette honnête figure sembla rentrer et me demander doucement quelle injure elle m'avait faite, et comment j'avais pu la traiter ainsi – j'aurais donné vingt livres pour un avocat – je me suis fort mal conduit, dis-je en moi-même; mais je viens tout juste de commencer mes voyages; et j'apprendrai de meilleures manières chemin faisant.

La désobligeante
Calais

Être mécontent de soi a pourtant un avantage, c'est qu'on est dans une excellente disposition d'esprit pour faire une affaire. Or, comme il n'y a pas moyen de voyager en France et en Italie sans une chaise – et la nature nous inclinant en général à faire ce à quoi nous sommes les plus propres, j'allai dans la cour des remises pour acheter ou louer quelque chose de ce genre qui remplît mes vues; une vieille désobligeante[1], dans le coin opposé de la cour, piqua ma fantaisie au premier regard, si bien que j'y montai aussitôt, et la trouvant passablement en harmonie avec mes sentiments, j'ordonnai au garçon d'appeler M. Dessein, l'hôtelier – mais M. Dessein étant allé à vêpres, et ne me souciant pas de faire face au franciscain, que je voyais en conférence de l'autre côté de la cour avec une dame tout juste arrivée à l'auberge – je tirai entre nous le rideau de taffetas, et comme j'étais résolu à écrire mon voyage, je sortis ma

1. Une chaise que l'on nomme ainsi en France, parce qu'elle ne contient qu'une personne. *(N.d.A.)*

plume et mon encrier, et j'en écrivis la préface dans la *désobligeante*.

Préface
dans la désobligeante

Plus d'un philosophe péripatéticien a sans doute observé que la nature a établi, de sa propre et incontestable autorité, certaines bornes et barrières pour circonscrire le mécontentement de l'homme : elle a réalisé ce but de la manière la plus paisible et la plus facile, en le soumettant à l'obligation presque insurmontable de travailler à ses aises, et d'endurer ses peines chez lui. C'est là seulement qu'elle l'a pourvu des objets les plus propres à partager son bonheur, et à porter une part de ce fardeau qui, dans tous les pays et dans tous les temps, a toujours été trop lourd pour une seule paire d'épaules. Il est vrai que nous sommes doués de l'imparfaite faculté d'étendre parfois notre bonheur au-delà des limites qu'*elle* a fixées ; mais les choses sont ainsi ordonnées que faute de connaître les langues, faute de relations et de protection, et aussi par la différence de l'éducation, des coutumes et des habitudes, nous trouvons tant de difficultés à communiquer nos sensations outre notre sphère, que cela revient souvent à une impossibilité complète.

Il s'ensuit infailliblement de là, que la balance du commerce sentimental sera toujours au désavantage de l'aventurier expatrié : il faut qu'il achète ce dont il n'a guère l'usage, au prix que les gens du pays lui en demandent – sa conversation sera rarement acceptée en échange de la leur, sans un décompte considérable – et ceci, d'ailleurs, le forçant de s'en remettre sans cesse à des courtiers plus équitables dans l'espoir d'une conversation quelle qu'elle soit, il ne faut pas un grand esprit de divination pour prévoir sa société –

Ceci m'amène à mon propos, et me conduit naturellement (pourvu que le balancement de cette *désobligeante* veuille bien me laisser poursuivre) aux causes efficientes, aussi bien que finales, des voyages –

Ces désœuvrés qui quittent leur pays natal, et vont à l'étranger pour une ou plusieurs raisons que l'on peut dériver de l'une des causes générales ci-après –

Infirmité de corps,
Imbécillité d'esprit, ou
Inévitable nécessité.

Les deux premières classes comprennent tous ceux qui voyagent par terre et par eau, en proie à l'orgueil, à la curiosité, à la vanité ou au spleen, subdivisés et combinés *ad infinitum* –

La troisième comprend toute l'armée des martyrs pérégrins; plus particulièrement ces voyageurs qui se mettent en route par bénéfice de clergie, soit comme délinquants voyageant sous la direction de gouverneurs recommandés par le magistrat – soit qu'il s'agisse de jeunes gentilshommes déportés par la cruauté de leurs parents et tuteurs, et voyageant sous la direction de gouverneurs recommandés par Oxford, Aberdeen et Glasgow.

Il est une quatrième classe, mais si peu nombreuse qu'elle ne vaudrait pas la peine d'une distinction, s'il n'était nécessaire dans un ouvrage de cette nature d'observer la plus grande précision et le plus grand soin, pour éviter toute confusion des caractères. Et ces hommes dont je parle sont ceux qui passent les mers et séjournent en terre étrangère dans la vue d'épargner de l'argent pour diverses raisons et sous divers prétextes; mais comme ils pourraient aussi s'épargner à eux et aux autres une grande quantité de peines inutiles en épargnant leur argent chez eux – et comme leurs raisons de voyager sont les moins complexes de toutes les espèces d'émigrants, je distinguerai ces messieurs par le nom de

Simples voyageurs.

Ainsi la totalité des voyageurs peut-elle se réduire aux divisions suivantes :

Voyageurs désœuvrés,
Voyageurs inquisiteurs,
Voyageurs menteurs,
Voyageurs orgueilleux,
Voyageurs vains,
Voyageurs splénétiques.

Viennent ensuite les voyageurs par nécessité :

Le voyageur pour délits et crimes,
Le malheureux et innocent voyageur,
Le simple voyageur,

et le dernier de tous (s'il vous plaît), Le voyageur sentimental (signifiant par là moi-même), moi qui ai voyagé, et dont je m'assieds à présent pour rendre compte – autant par *nécessité*, et par *besoin de voyager*, que tout autre membre de cette classe.

Je sais bien, en même temps, que comme mes voyages et mes observations seront d'un tour radicalement différent de tous ceux de mes prédécesseurs, j'aurais pu exiger une niche entière pour moi seul – mais alors j'empièterais sur les confins du voyageur *vain*, en voulant attirer l'attention sur moi sans y avoir de meilleur titre que la simple *nouveauté de mon véhicule*.

Il suffit à mon lecteur, s'il a été voyageur lui-même, qu'en étudiant et en réfléchissant à ce qui précède il soit en état de déterminer sa place et son rang dans ce catalogue – ce sera un pas vers la connaissance de lui-même : car il y a fort à parier qu'il conserve à cette heure quelque teinture et semblant de ce qu'il a absorbé ou exécuté pendant ses voyages.

L'homme qui le premier transplanta le raisin de Bourgogne au cap de Bonne-Espérance (remarquez que c'était un Hollandais) ne rêva jamais qu'il boirait au Cap le même vin que ce raisin produit sur les monts de France – il était trop flegmatique pour cela – néanmoins il s'attendait sans aucun doute à boire une sorte de liqueur vineuse ; mais qu'elle fût bonne, mauvaise, ou indifférente – il connaissait assez ce monde pour savoir que cela ne dépendait point de son choix, et que ce qu'on appelle généralement le *hasard* devait décider de son succès ; cependant il espéra pour le mieux ; et dans cette espérance, par une confiance immodérée en la fermeté de son esprit, et en la profondeur de son jugement, *Mynheer* pouvait fort bien les perdre tous deux dans son nouveau vignoble, et, en découvrant sa nudité, devenir la risée de ses gens.

Autant en arrive au pauvre voyageur qui navigue et court la poste à travers les royaumes les plus polis de ce globe, à la poursuite du savoir et des perfectionnements.

Le savoir et les perfectionnements s'obtiennent en naviguant et en courant la poste dans ce but ; mais seront-ce un savoir utile et de vrais perfectionnements ? ce n'est qu'une loterie – et là même où l'aventurier réussit, le fonds acquis doit être employé avec prudence et discrétion pour être de quelque profit – mais puisque les chances sont prodigieusement contraires quant à l'acquisition et quant à l'application, je suis d'avis qu'on agirait tout aussi sagement si l'on pouvait prendre sur soi de vivre content sans savoir étranger ni perfectionnements étrangers, surtout si l'on vit dans un pays qui n'est absolument dénué ni de l'un ni des autres – et vraiment, mainte et mainte fois j'ai ressenti dans l'âme bien du chagrin, en songeant à tous les pas que les voyageurs inquisiteurs ont faits dans la boue pour voir des spectacles, et faire des découvertes que, comme dit Sancho Pança à Don Quichotte, ils eussent pu voir à pied sec chez eux. Le siècle est si plein de lumière, qu'il est à peine un pays ou un coin de l'Europe dont les rayons ne se croisent et ne s'échangent avec d'autres – Le savoir, dans la plupart de ses branches et dans la plupart des affaires, est comme la musique dans une rue d'Italie, dont ceux-là même peuvent jouir qui ne paient rien – Mais il n'est pas sous le ciel de nation – et Dieu m'est témoin (Dieu devant le tribunal duquel je dois comparaître un jour et rendre compte de cet ouvrage) que je le dis sans jactance – il n'est pas sous le ciel de nation qui abonde en connaissances plus variées, où les sciences soient plus proprement courtisées ni plus sûrement conquises qu'ici même – où l'art soit plus encouragé et fasse des progrès aussi rapides – où la nature (à la prendre d'ensemble) ait aussi peu à se reprocher – et où, pour finir, il y ait plus d'esprit et de diversité de caractères pour nourrir l'intelligence – Où, donc, mes chers compatriotes, courez-vous ainsi –

— Nous regardons simplement cette chaise, dirent-ils – Votre très humble serviteur, dis-je, sautant dehors et ôtant mon chapeau – Nous nous demandions, reprit l'un d'eux qui, je m'en aperçus, était un *voyageur inquisiteur*, ce qui pouvait occasionner son mouvement – C'était, répondis-je froidement, l'agitation résultant de l'écriture d'une préface – Je n'ai jamais entendu parler, dit l'autre, qui était un *voyageur simple*, d'une préface écrite dans une *désobligeante* – Elle eût été meilleure, répliquai-je, dans un *vis-à-vis*.

— *Comme un Anglais ne voyage pas pour voir des Anglais*, je me retirai dans ma chambre.

CALAIS

Je m'aperçus que quelque autre chose que moi obscurcissait le corridor comme je l'empruntais pour aller à ma chambre : c'était effectivement M. Dessein, l'hôtelier, qui revenait tout juste de vêpres, et qui, son chapeau sous le bras, me suivait fort complaisamment, pour me rappeler ce dont j'avais besoin. À force d'écrire dans la *désobligeante* elle ne m'inspirait plus guère ; et quand M. Dessein m'en parla en haussant les épaules, comme si elle ne me convenait nullement, je fus immédiatement pris de l'idée qu'elle appartenait à quelque *innocent voyageur* qui, à son retour chez lui, l'avait confiée à l'honneur de M. Dessein pour qu'il en tirât le meilleur parti. Quatre mois s'étaient écoulés depuis qu'elle avait fini sa carrière à travers l'Europe dans la cour des remises de M. Dessein ; et comme ce n'était déjà qu'un rafistolage la première fois qu'elle en était sortie, quoiqu'elle eût été à deux reprises mise en pièces sur le Mont Cenis, elle n'avait guère tiré profit de ses aventures – mais jamais moins que de la station qu'elle avait dû faire pendant tant de mois, sans que personne la prît en pitié, dans le coin de la cour de M. Dessein. Sans doute il n'y avait pas grand-chose à dire en sa faveur – mais enfin il y avait quelque chose – et quand il suffit de quelques mots pour soulager la misère de ses tourments – je hais l'homme qui peut en être avare.

— Ma foi ! si j'étais le maître de cet hôtel, dis-je en posant le bout de mon index sur la poitrine de M. Dessein, je me ferais immanquablement un point d'honneur de me débarrasser de cette malheureuse *désobligeante* – elle vous lance des reproches à la tête chaque fois que vous passez auprès –

Mon Dieu! dit M. Dessein – je n'ai aucun intérêt – Excepté l'intérêt, dis-je, que les hommes d'un certain tour d'esprit, monsieur Dessein, prennent à leurs propres sensations – je suis persuadé que pour un homme qui, comme vous, sent les souffrances des autres autant que les siennes, chaque nuit pluvieuse, vous avez beau déguiser, doit vous glacer le cœur – vous souffrez, monsieur Dessein, autant que cette machine –

J'ai toujours observé que lorsqu'il y a autant d'*aigre* que de *doux* dans un compliment, un Anglais est invariablement embarrassé de savoir s'il doit l'accepter ou le laisser tomber; un Français ne l'est jamais : M. Dessein me fit un salut.

C'est bien vrai, dit-il – mais en ce cas je ne ferais qu'échanger une inquiétude contre une autre, et à perte; figurez-vous, mon cher monsieur, si je vous donnais une chaise qui tombât en pièces avant que vous fussiez à mi-chemin de Paris – figurez-vous combien je souffrirais d'avoir donné une mauvaise impression de moi à un homme d'honneur, et de me trouver à la merci, comme je le serais nécessairement, *d'un homme d'esprit*.

La dose était exactement conforme à ma prescription; je ne pouvais donc faire autrement que l'avaler – je rendis à M. Dessein son salut, et sans plus faire les casuistes nous marchâmes ensemble jusqu'à sa remise, pour jeter un coup d'œil à son magasin de chaises.

DANS LA RUE
CALAIS

Il faut que ce soit un monde bien hostile que celui où l'acheteur, ne fût-ce que d'une triste chaise de poste, ne peut sortir dans la rue avec le vendeur pour terminer leur différend, sans tomber aussitôt dans la même disposition d'esprit et sans regarder son contractant du même œil que s'il s'en allait avec lui au coin de Hyde Park pour se battre en duel. Quant à moi, n'étant qu'une piètre lame, et nullement de la force de M. Dessein, je sentis s'enchaîner en moi tous les mouvements que peut exciter cette situation. Je regardai M. Dessein de part en part – je l'observai comme il marchait de profil – puis *en face* – lui trouvai l'air d'un Juif – puis d'un Turc – sa perruque me déplut – je le maudis par tous mes dieux – le vouai au diable –

— Et faut-il donc que tout cela soit allumé dans le cœur pour un misérable compte de trois ou quatre louis d'or tout au plus dont on peut m'attraper ? – Vile passion ! dis-je en me retournant, comme il est naturel à un homme qui change soudain de sentiment – vile, dure passion ! ta main est levée sur tous les hommes, et tous les hommes ont la main levée sur toi – à Dieu ne plaise, dit-elle en portant la main à son front, car en me retournant je m'étais trouvé nez à nez avec la dame que j'avais vue en conférence avec le moine – elle nous avait suivis sans qu'on l'aperçût – À Dieu ne plaise, en effet ! dis-je en lui offrant la mienne – elle avait une paire de gants de soie noire ouverts seulement au pouce et aux deux premiers doigts, si bien qu'elle accepta sans réserve – et je la conduisis à la porte de la remise.

M. Dessein avait donné plus de cinquante fois la clef au *diable !* avant de découvrir qu'il n'était point venu avec la bonne : nous étions aussi impatients que lui de voir la porte ouverte, et si préoccupés de l'obstacle, que je continuai de tenir la main de la dame presque sans le savoir ; si bien que M. Dessein nous laissa ensemble, sa main dans la mienne et le visage tourné vers la porte de la remise, en disant qu'il serait de retour dans cinq minutes.

Or un colloque de cinq minutes dans une pareille situation en vaut un d'autant de siècles le visage tourné vers la rue : dans ce dernier cas, la matière de l'entretien se tire des objets et des incidents extérieurs – quand on a les yeux fixés sur une surface absolument vide – on la tire purement de soi-même. Un seul moment de silence après le départ de M. Dessein eût été fatal à la situation – la dame se fût infailliblement retournée – de sorte que je commençai sur-le-champ la conversation. –

Mais quelles furent mes tentations (puisque je n'écris pas pour excuser les faiblesses de mon cœur pendant ce voyage, – mais pour en faire la relation) – c'est ce que je m'en vais décrire avec la même simplicité que je les éprouvai.

La porte de la remise
Calais

Quand j'ai dit au lecteur que je ne me souciais pas de sortir de la *désobligeante*, parce que je voyais le moine en étroite conférence avec une dame qui venait d'arriver à l'auberge – je lui ai dit la vérité ; mais je ne lui ai point dit toute la vérité ; car j'étais tout autant retenu par l'aspect et le maintien de la dame à laquelle il parlait. Un soupçon me traversa le cerveau, et me dit qu'il lui racontait ce qui s'était passé : quelque chose grinça au-dedans de moi – je voulus le voir dans son couvent.

Lorsque le cœur devance la réflexion dans son vol, il épargne au jugement une foule de peines – je fus certain qu'elle était d'un meilleur ordre de créatures – cependant je ne songeai plus à elle, mais passai outre et écrivis ma préface.

L'impression revint lorsque je la rencontrai dans la rue ; la franchise prudente avec laquelle

elle me donna la main montrait, pensai-je, sa bonne éducation et son bon sens; et tout en la conduisant, je sentais en elle je ne sais quelle agréable ductilité qui répandit le calme sur tous mes esprits –

— Bon Dieu! comme on conduirait volontiers autour du monde une créature pareille!

Je n'avais pas encore vu son visage – cela n'importait guère; car l'esquisse fut entreprise sur-le-champ, et bien avant que nous fussions à la porte de la remise, l'*imagination* avait achevé toute la tête, et la trouvait aussi délicieusement ajustée à sa déesse, que si elle eût plongé dans le TIBRE pour l'avoir – mais tu es une catin séduite, et séductrice; et quoique tu nous trompes sept fois par jour avec tes peintures et tes images, tu le fais avec tant de charmes, et tu ornes tes tableaux des formes de tant d'anges de lumière, que c'est pitié de rompre avec toi.

Lorsque nous fûmes arrivés à la porte de la remise, elle retira sa main de son front, et me laissa voir l'original – c'était un visage d'environ vingt-six ans – d'un brun clair et transparent, ajusté simplement, sans rouge ni poudre, non point rigoureusement beau, mais possédant quelque chose qui, dans la disposition d'esprit où j'étais, m'y attacha bien davantage – c'était un visage intéressant; je crus y lire les caractères de physionomie du veuvage, et d'un veuvage dans cet état de déclin qui a déjà passé les deux premiers paroxysmes de la douleur, et qui commence paisiblement à accepter sa perte – mais mille autres malheurs pouvaient avoir tracé les mêmes lignes ; je désirais savoir quels avaient été les siens – et j'étais prêt à demander (si le *bon ton* de la conversation l'eût permis, comme aux jours d'Esdras) – *Qu'as-tu donc ? et pourquoi es-tu inquiète ? et pourquoi ton esprit est-il troublé ?*[1] – En un mot, je sentais pour elle de la bienveillance ; et je résolus de lui offrir, de manière ou d'autre, si peu que ce fût de mes civilités – sinon de mes services.

Telles étaient mes tentations – et c'est dans cette disposition à y céder que je fus laissé seul avec la dame, sa main dans la mienne et nos deux visages tournés vers la porte de la remise, plus près qu'il n'était absolument nécessaire.

La porte de la remise
Calais

Voilà certainement, belle dame ! dis-je en élevant sa main un peu légèrement comme je commençais, voilà qui doit être un des tours fantasques de la fortune : prendre par la main deux personnes parfaitement étrangères – de sexe différent, et peut-être de différents coins du globe, et, en un moment, les placer ensemble

1. Cf. Psaumes, 42.6.

dans une situation si cordiale, que l'amitié elle-même aurait eu peine à les y amener, l'eût-elle projeté un mois durant –

— Et votre réflexion là-dessus montre combien, monsieur, elle vous a embarrassé par cette aventure. –

Quand la situation est ce que nous l'aurions désirée, rien n'est si mal à propos que de faire allusion aux circonstances qui l'ont rendue telle : vous remerciez la fortune, poursuivit-elle – vous aviez quelque raison pour cela – le cœur le savait, et s'en contentait; et quel autre qu'un philosophe anglais en aurait donné avis au cerveau pour qu'il cassât le jugement?

En disant cela, elle dégagea sa main avec un regard qui me parut un commentaire suffisant de son texte.

Je vais faire une misérable peinture de la faiblesse de mon cœur, en avouant qu'il éprouva une peine, que de plus dignes occasions n'auraient pu lui causer. – J'étais mortifié de la perte de sa main, et la manière dont je l'avais perdue ne versait ni huile ni vin sur la blessure : de ma vie je n'ai si misérablement souffert de cette sorte d'infériorité penaude.

Un vrai cœur féminin ne triomphe pas longtemps de ces déconfitures. Après fort peu de secondes, elle posa la main sur le parement de mon habit, afin d'achever sa réponse; si bien que de manière ou d'autre, Dieu sait comment, je recouvrai ma position.

— Elle n'avait rien à ajouter.

Je commençai aussitôt à élaborer un nouveau sujet de conversation, pensant, d'après l'esprit et la morale de la précédente, que je m'étais mépris sur le caractère de la dame ; mais quand elle tourna le visage vers moi, la chaleur qui avait animé sa réponse s'était dissipée – les muscles s'étaient relâchés, et je vis le même air de détresse vulnérable qui m'avait d'abord gagné à sa cause – comme il était mélancolique de voir une telle vivacité la proie du chagrin ! – Je la pris en pitié de toute mon âme ; et quoique cela puisse sembler assez ridicule à un cœur engourdi – j'aurais pu la prendre dans mes bras et la choyer sans rougir, bien que ce fût en pleine rue.

Les pulsations des artères de mes doigts pressés sur les siens lui dirent ce qui se passait en moi : elle baissa les yeux – il s'ensuivit un silence de quelques instants.

Il faut, je le crains, que dans cet intervalle j'aie fait quelques légers efforts pour serrer davantage sa main, à en juger d'après une sensation subtile que j'éprouvai dans la paume de la mienne – non pas comme si elle allait me la retirer – mais comme si elle y songeait – et je l'eusse infailliblement reperdue, si l'instinct, plus que la raison, ne m'eût suggéré ma dernière ressource dans ce danger – de la tenir négligemment, et comme si j'allais à tout instant la relâcher de moi-même ; de sorte qu'elle la laissa où elle était, jusqu'au moment où monsieur Dessein revint avec la clef; et pendant ce temps, j'avisai au moyen de détruire les mauvaises impressions que l'histoire du pauvre moine, au cas qu'il la lui eût dite, devait avoir semées contre moi en son sein.

La tabatière
Calais

Le bon vieux moine était à six pas de nous quand son souvenir me traversa l'esprit; et il s'avançait vers nous en s'écartant un peu de la ligne droite, comme hésitant à nous interrompre. – Il s'arrêta, toutefois, dès qu'il fut arrivé à nous, avec une franchise ineffable; et ayant à la main une tabatière de corne, il me la présenta ouverte – Vous goûterez du mien, dis-je en tirant la mienne (qui était une petite boîte d'écaille) et en la lui mettant dans la main – Il est tout à fait excellent, dit-il; Alors faites-moi la faveur, répartis-je, d'accepter la tabatière et le reste, et quand vous y prendrez une prise, de vous rappeler quelquefois que ce fut l'offrande de paix d'un homme qui jadis vous traita durement, mais non de l'aveu de son cœur.

Le pauvre homme devint aussi rouge que de l'écarlate. *Mon Dieu*, dit-il en joignant les mains – vous ne m'avez jamais traité durement. – Je ne pense pas, dit la dame, qu'il soit homme à le faire. Je rougis à mon tour; mais sous quelles émotions, je laisse au petit nombre de ceux qui sentent à l'analyser. – Pardonnez-moi, madame, répliquai-je – je l'ai traité fort durement; et sans aucune provocation – C'est impossible, dit la dame. – Mon Dieu! s'écria le moine avec une chaleur dans l'affirmation qui ne semblait guère lui appartenir – la faute m'en revient, et à l'indiscrétion de mon zèle – la dame le contesta, et je me joignis à elle pour maintenir qu'il était impossible qu'un esprit aussi réglé que le sien pût offenser personne.

Je ne savais pas que la dispute pût devenir une chose si douce et si agréable pour les nerfs que je l'éprouvai alors. Nous restâmes silencieux, sans rien ressentir de cette douleur stupide qui étreint la compagnie lorsqu'en pareille situation l'on se dévisage pendant dix minutes sans dire une parole. Tant que cela dura, le moine frotta sa tabatière de corne sur la manche de son froc; et aussitôt qu'elle eut acquis un certain brillant par cette friction – il fit un profond salut, et dit qu'il était trop tard pour décider si c'était la faiblesse ou la bonté de nos tempéraments qui nous avait engagés dans ce débat – mais que quoi qu'il en fût – il me priait d'échanger nos tabatières – En disant cela, il me présenta la sienne d'une main, tandis qu'il me prenait la mienne de l'autre; et l'ayant baisée – il la mit dans son sein avec des flots de bienveillance dans les yeux – et prit congé de nous.

Je veille sur cette tabatière avec le soin que j'aurais pour les parties instrumentales de ma religion, pour encourager mon âme à quelque chose de mieux ; en vérité, je sors rarement sans elle : et mainte et mainte fois, avec son aide, j'ai évoqué l'esprit courtois de son possesseur pour régler le mien dans les échauffourées du monde ; elles lui avaient donné ample occupation, comme son histoire me l'apprit, jusque vers la quarante-cinquième année de son âge, où, mal récompensé de certains services militaires, et ayant en même temps essuyé des revers dans la plus tendre des passions, il avait abandonné à la fois l'épée et le sexe, et avait pris asile moins dans son couvent qu'en lui-même.

Je sens un froid au cœur d'avoir à ajouter qu'à mon dernier retour par Calais, ayant demandé des nouvelles du père Lorenzo, j'appris qu'il était mort depuis près de trois mois, et qu'il était enterré, non dans son couvent, mais, selon son désir, dans un petit cimetière qui en dépendait, à environ deux lieues de là ; j'eus grande envie de voir où on l'avait déposé – sur quoi, ayant sorti sa petite tabatière de corne comme j'étais assis près de son tombeau, et arrachant de la tête de celui-ci une ou deux orties qui n'avaient que faire de croître là, tout cela m'émut si violemment que je fondis en larmes – mais je suis aussi faible qu'une femme ; et je prie le monde de ne point sourire, mais de me plaindre.

La porte de la remise
Calais

Je n'avais pas quitté la main de la dame de tout cet intervalle ; et je l'avais tenue si longtemps, qu'il eût été indécent de la lâcher sans y presser d'abord mes lèvres : le sang et les esprits qui avaient reflué de son visage y revinrent en foule quand je le fis.

Or, les deux voyageurs qui m'avaient parlé dans la cour des remises venant à passer en ce moment critique, et observant notre commerce, se mirent naturellement en tête que nous devions être *mari* et *femme* pour le moins ; s'étant donc arrêtés dès qu'ils furent près de la porte de la remise, l'un d'eux, qui était le voyageur inquisiteur, nous demanda si nous partions pour Paris le lendemain matin. Je dis que je ne pouvais répondre que pour moi ; et la dame ajouta qu'elle allait à Amiens. – Nous y avons dîné hier, dit le simple voyageur – On passe directement par cette ville, ajouta l'autre, en se rendant à Paris. J'allais lui rendre mille grâces du renseignement *qu'Amiens était sur la route de Paris* ; mais, ayant sorti la petite tabatière de corne de mon pauvre moine pour prendre une pincée de tabac – je les saluai tranquillement, et leur ayant souhaité un bon passage à Douvres – ils nous laissèrent seuls –

— Eh! où serait le mal, me dis-je, si je priais cette dame affligée d'accepter la moitié de ma chaise? et quel si grand dommage en découlerait?

Chacune des sales passions et des mauvais penchants de ma nature prit l'alarme à ma proposition. – Cela vous obligera d'avoir un troisième cheval, dit l'AVARICE, ce qui vous ôtera vingt livres de la poche. – Vous ne savez qui elle est, dit la PRÉCAUTION – ni dans quels tracas cela peut vous jeter, chuchota la LÂCHETÉ –

Comptez là-dessus, Yorick! dit la PRUDENCE; on dira que vous êtes parti avec une maîtresse, et que vous êtes venu à Calais parce qu'elle vous y avait donné rendez-vous dans ce but –

— Après cela, cria l'HYPOCRISIE, vous ne pourrez jamais plus vous montrer dans le monde – ni vous élever, fit la BASSESSE, dans l'Église – ni rien y être d'autre, dit l'ORGUEIL, qu'un pouilleux de prébendier.

— Mais c'est une honnêteté, dis-je – et comme généralement j'agis d'après la première impulsion, et que par conséquent j'écoute rarement ces cabales qui ne servent à rien d'autre, que je sache, qu'à cuirasser le cœur de diamant – je me tournai sur-le-champ vers la dame –

— Mais elle s'était éclipsée sans être vue, pendant que la cause se plaidait, et avait eu le temps de faire dix ou douze pas dans la rue tandis que je prenais ma détermination; je me mis donc à la suivre à grandes enjambées, pour lui faire ma proposition avec toute l'adresse et la civilité dont j'étais capable; mais remarquant qu'elle marchait la joue à moitié appuyée sur la paume de sa main – du pas lent, court et mesuré de la rêverie, gardant, à chaque pas, les yeux fixés sur le sol, l'idée me frappa qu'elle était occupée à juger la même cause. – Que Dieu lui vienne en aide! dis-je, elle a quelque belle-mère, quelque tartufe de tante, quelque absurde vieille femme à consulter là-dessus, aussi bien que moi; ne me souciant donc point d'interrompre le procès, et trouvant plus galant de la prendre à sa discrétion que par surprise, je me détournai, et fis un ou deux petits tours devant la porte de la remise, tandis qu'elle marchait rêveusement d'un côté.

DANS LA RUE
CALAIS

Ayant, dès que j'avais aperçu cette dame, arrêté ce point dans mon imagination, « qu'elle était d'un meilleur ordre de créatures » – et posé ensuite comme un second axiome, aussi incontestable que le premier, qu'elle était veuve, et portait les caractères du malheur – je n'allai pas plus loin; cela donnait assez de fondement à une situation qui me plaisait – et elle serait restée tout près de mon coude jusqu'à minuit, que je me serais tenu fidèle à mon système, et que je ne l'aurais pas considérée autrement que sous cette idée générale.

Elle s'était à peine éloignée de vingt pas, que quelque chose au-dedans de moi réclama un examen plus particulier – cela entraînait l'idée d'une plus longue séparation – je pouvais ne jamais la revoir – le cœur est d'avis de garder ce qu'il peut; et je manquais de traces à l'aide desquelles mes vœux parvinssent jusqu'à elle, au cas que je ne pusse la rejoindre moi-même : en un mot, je voulus savoir son nom – celui de sa famille – sa condition; et comme je savais où elle allait, je voulus aussi savoir d'où elle venait; mais il n'y avait pas moyen de me procurer toutes ces informations : cent petites délicatesses me barraient le chemin. Je formai vingt plans divers – On ne pouvait concevoir qu'un homme la questionnât directement – la chose était impossible.

Un petit capitaine français *de bon air*, qui arrivait en sautillant par la rue, me fit voir que c'était la chose du monde la plus aisée; car, se mettant tout soudain entre nous juste au moment où la dame revenait vers la porte de la remise, il s'introduisit de lui-même auprès de moi, et avant de s'être bien annoncé, il me pria de lui faire l'honneur de le présenter à la dame – moi-même je n'avais pas été présenté – se tournant donc vers elle, il s'en tira tout aussi bien, en lui demandant si elle arrivait de Paris. – Non; elle allait en prendre la route, dit-elle. – *Vous n'êtes pas de Londres?* – Non, répliqua-t-elle. – Alors madame doit être venue par la Flandre. *Apparemment, vous êtes flamande?* dit le capitaine français. – La dame répondit que oui. – *Peut-être, de Lille?* ajouta-t-il. – Elle répondit qu'elle n'était point de Lille. – Ni d'Arras? – ni de Cambrai? – ni de Gand? – ni de Bruxelles? Elle répondit qu'elle était de Bruxelles.

Il avait eu l'honneur, dit-il, d'être au bombardement de cette ville dans la dernière guerre – qu'elle était joliment située, *pour cela* – et pleine de noblesse quand les Impériaux furent chassés par les Français (la dame s'inclina légèrement) – lui faisant donc un récit de l'affaire, et de la part qu'il y avait prise – il sollicita l'honneur de connaître son nom – et tira sa révérence.

— *Et Madame a son mari?* – lança-t-il en se retournant lorsqu'il eut fait deux pas – et sans attendre de réponse – il s'en alla en sautillant par la rue.

J'aurais été sept ans en apprentissage de savoir-vivre, que je n'aurais pu en faire autant.

La remise
Calais

Comme le petit capitaine français nous quittait, M. Dessein vint tenant la clef de la remise, et il nous fit de suite entrer dans son magasin de chaises.

Le premier objet qui frappa mes yeux, quand M. Dessein ouvrit la porte de la remise, ce fut une autre vieille *désobligeante* toute délabrée ; et quoiqu'elle fût l'exact portrait de celle qui avait si fort piqué ma fantaisie dans la cour il n'y avait pas une heure – sa seule vue, à présent, éveillait en moi une sensation désagréable ; je pensais qu'il n'y avait qu'un grossier animal dans le cœur duquel eût pu entrer l'idée de construire une telle machine ; et je n'avais guère plus de charité pour l'homme qui pouvait songer à s'en servir.

J'observai que la dame en était aussi peu éprise que moi : M. Dessein nous mena donc à deux autres chaises placées de front, et dit en nous les recommandant, qu'elles avaient été achetées par milords A. et B. pour faire le *grand tour*, mais qu'elles n'avaient pas été plus loin que Paris, de sorte qu'à tous égards elles étaient aussi bonnes que si elles fussent neuves – Elles étaient trop bonnes – si bien que je passai à une troisième, qui était derrière, et commençai de marchander sur le prix – Mais on aura de la peine à y tenir deux, dis-je, ouvrant la portière et montant dedans – Ayez la bonté d'y entrer, madame, dit M. Dessein, offrant son bras – La dame hésita une demi-seconde, et monta ; et le garçon faisant en ce moment signe à M. Dessein qu'il avait à lui parler, celui-ci ferma sur nous la portière de la chaise et nous laissa.

La remise
Calais

C'est bien comique, c'est fort drôle, dit la dame en souriant de la réflexion que c'était la seconde fois que nous étions laissés ensemble par un tas de contingences absurdes – *c'est bien comique*, dit-elle –

— Il n'y manque pour cela, dis-je, que le parti comique qu'en tirerait la galanterie d'un Français – de faire l'amour au premier moment, et au second l'offre de sa personne.

C'est leur *fort*, répondit la dame.

On le suppose du moins – et comment cela est arrivé, continuai-je, je ne sais : mais ils ont certainement la réputation de mieux s'entendre en amour, et de mieux le faire qu'aucune autre nation de la terre ; mais pour ma part, je les crois de franches mazettes, et en vérité la pire équipe d'archers qui aient jamais exercé la patience de Cupidon.

— Le croiriez-vous? faire l'amour avec des *sentiments*!

Autant croire que l'on peut faire un habit élégant avec des coupons; – et le faire ainsi – paf! à la première vue, par une déclaration – c'est exposer leur offre, et leur personne avec, à être passés au crible, avec tous leurs *pour* et leur *contre*, par un esprit resté froid.

La dame écoutait comme si elle s'attendait à me voir poursuivre.

Considérez donc, madame, continuai-je en posant ma main sur la sienne –

Que les gens graves haïssent l'amour à cause du nom –

Que les égoïstes le haïssent à cause d'eux-mêmes –

Les hypocrites, à cause du ciel –

Et que tous tant que nous sommes, jeunes et vieux, ayant dix fois plus de peur que de mal du seul *éclat* qu'on en fait – Quel défaut de connaissance dans cette branche du commerce un homme ne trahit-il pas, lorsqu'il laisse le mot sortir de ses lèvres avant qu'il se soit écoulé une ou deux heures au moins depuis l'instant où son silence à ce sujet est devenu un supplice! Une suite de petites attentions paisibles, pas assez marquées pour donner l'alarme – ni assez vagues pour qu'on s'y méprenne, – avec de temps à autre un tendre regard, et peu ou point de paroles sur la question – vous laissent la nature pour maîtresse, et elle façonne tout cela comme elle l'entend. –

— Alors je déclare solennellement, dit la dame en rougissant – que vous m'avez fait l'amour tout ce temps.

LA REMISE
CALAIS

M. Dessein revint pour nous ouvrir la chaise, et informer la dame que le comte de L –, son frère, venait d'arriver à l'hôtel. Quoique je souhaitasse infiniment de bien à la dame, je ne puis dire qu'au fond de mon cœur je me réjouis de l'événement – et ne pus m'empêcher de le lui dire – car cela est funeste, madame, ajoutai-je, à une proposition que j'allais vous faire –

— Vous n'avez pas besoin de me dire quelle était cette proposition, répondit-elle, posant sa main sur les miennes comme elle m'interrompait. – Un homme, mon bon monsieur, a rarement une offre aimable à faire à une femme, qu'elle n'en ait eu un pressentiment quelques instants auparavant –

— La nature lui donne cette arme, dis-je, pour sa préservation immédiate. – Mais je pense, dit-elle en me regardant en face, que je n'avais rien à appréhender – et pour être franche avec vous, j'avais résolu d'accepter. – Si je l'avais fait – (elle s'arrêta un moment) – je crois que votre bienveillance aurait tiré de moi une histoire qui eût fait de la pitié la seule chose dangereuse du voyage.

À ces mots, elle me laissa baiser deux fois sa main, et, avec un regard de sensibilité où se mêlait quelque souci, descendit de la chaise – et me dit adieu.

Dans la rue
Calais

De ma vie je n'ai conclu si prestement un marché de douze guinées : le temps me pesait depuis la perte de la dame, et sentant que chaque instant en durerait deux tant que je ne serais pas en mouvement – je commandai sur-le-champ des chevaux de poste, et marchai vers l'hôtel.

Seigneur ! dis-je en entendant l'horloge de la ville sonner quatre heures, et me rappelant qu'il n'y en avait guère qu'une que j'étais à Calais –

— Quel gros volume d'aventures peut donc saisir, dans ce petit intervalle de vie, celui qui intéresse son cœur à toutes choses, et qui, ayant des yeux pour voir ce que le temps et le hasard lui présentent sans cesse chemin faisant, ne manque rien sur quoi il puisse *honnêtement* mettre la main ! –

— Si cette fois-ci ne donne rien – ce sera pour une autre – peu importe – c'est un essai sur la nature humaine – j'ai mon travail pour mes peines – c'est assez – le plaisir de l'expérience a tenu mes sens et la meilleure part de mon sang en éveil, et endormi la partie grossière.

Je plains l'homme qui peut voyager de Dan à Bersabée[1], en s'écriant : *Tout est stérile* – ce l'est, en effet ; et le monde entier l'est aussi, pour celui qui ne veut point cultiver les fruits qu'il offre. Je déclare, dis-je en battant joyeusement des mains, que fussé-je dans le désert, j'y trouverais encore de quoi éveiller mes affections – si je ne pouvais mieux faire, je les attacherais à quelque myrte odorant, ou je chercherais quelque cyprès mélancolique auquel me lier – je courtiserais leur ombre et je les remercierais par un salut aimable de leur protection – je graverais sur eux mon nom, et je jurerais qu'ils sont les arbres les plus adorables de tout le désert ; si leurs feuilles se flétrissaient, je m'apprendrais à languir, et s'ils riaient je rirais avec eux.

Le savant SMELFUNGUS a voyagé de Boulogne à Paris – de Paris à Rome – et ainsi de suite – mais il était parti avec le spleen et la jaunisse, et tous les objets qu'il voyait en étaient décolorés et déformés – Il en a écrit une relation, mais c'était seulement celle de ses misérables sentiments.

1. Cf. Juges 20.1.

Je rencontrai Smelfungus sous le vaste portique du Panthéon – il en sortait à l'instant – *Ce n'est rien qu'une énorme fosse aux coqs*[1], dit-il – Je voudrais que vous n'eussiez rien dit de pis de la Vénus de Médicis, répartis-je – car en passant par Florence, j'avais su qu'il était tombé impitoyablement sur la déesse, et l'avait traitée plus mal qu'une vulgaire fille de joie, sans la moindre provocation du monde.

Je me trouvai de nouveau nez à nez avec Smelfungus à Turin, comme il s'en retournait au pays ; et il avait un triste récit à me faire de ses déplorables aventures, « dans lequel il parlait d'accidents touchants sur la terre et sur l'onde, et des cannibales qui se dévorent l'un l'autre : les Anthropophages »[2] – il avait été écorché vif, martyrisé, et plus maltraité que saint Barthélemy, à chaque relais où il s'était arrêté.

— Je le dirai au monde, s'écriait Smelfungus. Vous feriez mieux, répliquai-je, de le dire à votre médecin.

Mundungus, avec une immense fortune, fit le tour complet[3]; allant de Rome à Naples – de Naples à Venise – de Venise à Vienne – de Vienne à Dresde – de Dresde à Berlin, sans une seule impression généreuse ou anecdote agréable à

1. Voyez les Voyages de S — *(N.d.A.)* (Tobias Smollett, *Voyages en France et en Italie* (1766), Lettre n° XXXI.)

2. Cf. *Othello*, I.3, 134 sq.

3. Mundungus est sans doute le docteur Samuel Sharp, qui publia des *Lettres d'Italie* en 1766.

raconter; mais il avait voyagé droit devant lui, ne regardant ni à droite ni à gauche, de peur que l'Amour ou la Pitié ne le détournassent de sa route.

Que la paix soit avec eux! s'il est possible de la trouver; mais le ciel lui-même, si l'on pouvait y parvenir avec de tels caractères, manquerait d'objets pour la leur donner – tous les esprits pleins de douceur viendraient saluer leur arrivée, portés par les ailes de l'Amour – Elles n'entendraient parler, les âmes de Smelfungus et Mundungus, que de nouveaux hymnes de joie, de nouveaux transports d'amour, de nouvelles congratulations sur la félicité commune – Je les plains de tout mon cœur: ils n'ont apporté aucune faculté adaptée à cette œuvre-là; et quand on accorderait à Smelfungus et Mundungus la plus heureuse demeure dans le ciel, ils seraient si loin d'être heureux, que les âmes de Smelfungus et Mundungus y feraient pénitence pour l'éternité.

Montreuil

Mon portemanteau était tombé une fois de derrière ma chaise, et j'étais descendu deux fois sous la pluie, dont l'une avec de la boue jusqu'aux genoux, pour aider le postillon à l'attacher, sans pouvoir découvrir ce qui me manquait – Ce ne fut que lorsque j'arrivai à Montreuil que, l'aubergiste m'ayant demandé si je n'avais pas besoin d'un domestique, l'idée me vint que c'était précisément cela.

— Un domestique ! Oh ! si, cruellement, dis-je – C'est que, monsieur, dit l'aubergiste, il y a ici un habile garçon qui serait très fier d'avoir l'honneur de servir un Anglais – Mais pourquoi un Anglais, plus qu'un autre? – Ils sont si généreux, répondit l'aubergiste – Je veux bien être pendu, me dis-je, si cela ne fait pas une livre de moins dans ma poche, cette nuit même – Mais ils ont de quoi l'être, monsieur, ajouta-t-il – Compte une livre de plus pour cela, dis-je – Pas plus tard qu'hier au soir, reprit l'aubergiste, *un milord anglais présentait un écu à la fille de chambre – Tant pis pour mademoiselle Jeanneton*, dis-je.

Or, Jeanneton étant la fille de l'aubergiste, et l'aubergiste supposant que j'étais novice en français, il prit la liberté de m'informer que je n'aurais pas dû dire *tant pis* – mais *tant mieux*. *Tant mieux, toujours, monsieur*, dit-il, quand il y a quelque chose à gagner – *tant pis*, quand il n'y a rien. Cela revient au même, dis-je. *Pardonnez-moi*, dit l'aubergiste.

Je ne saurais trouver une occasion plus favorable de faire observer une fois pour toutes, que *tant pis* et *tant mieux* étant les deux grands pivots de la conversation française, un étranger ferait bien de se mettre au fait de leur emploi, avant d'arriver à Paris.

Un marquis français fort vif, à la table de notre ambassadeur, demanda à M. H — s'il était H —, le poète? Non, dit H — avec douceur. – *Tant pis*, répliqua le marquis.

C'est H —, l'historien, dit un autre – *Tant mieux*, dit le marquis. Et M. H —, qui est un homme d'un cœur excellent, le remercia des deux réponses[1].

Quand l'aubergiste m'eut mis au fait de ces choses, il appela La Fleur – c'était le nom du jeune homme dont il avait parlé – disant seulement d'abord que, quant à ses talents, il n'aurait pas la présomption d'en rien dire – Monsieur était le meilleur juge de ce qui lui convenait – mais pour la fidélité de La Fleur, il s'en portait garant à hauteur de tout son bien.

La manière dont l'aubergiste prononça ces paroles fixa aussitôt mon esprit sur l'affaire qui m'occupait – et La Fleur, qui attendait au-dehors dans cette attente palpitante que nous autres enfants de la nature, nous avons tous éprouvée à notre tour, La Fleur entra.

Montreuil

Je suis enclin à me prendre d'affection à première vue pour toutes sortes de gens ; mais jamais plus que lorsque un pauvre diable vient offrir ses services à un aussi pauvre diable que moi ; et comme je me connais cette faiblesse, je laisse toujours mon jugement en rabattre quelque chose, pour cette raison précise – et

1. John Home, poète, auteur de la tragédie *Douglas* ; David Hume, alors plus fameux encore comme historien que comme philosophe.

cela plus ou moins, selon mon humeur et le cas – et je puis ajouter encore, selon le sexe de la personne que je dois gouverner.

Quand La Fleur entra dans la pièce, après tous les décomptes que j'avais pu faire comme si mon âme en dépendait, l'aspect et l'allure naturels du garçon décidèrent sur-le-champ l'affaire en sa faveur : je l'engageai donc d'abord – puis je commençai à m'enquérir de ce qu'il savait faire – Mais je découvrirai ses talents, dis-je, à mesure que j'en aurai besoin – d'ailleurs, un Français sait tout faire.

Or le pauvre La Fleur ne savait rien au monde que battre du tambour, et jouer une ou deux marches sur le fifre. J'étais déterminé à trouver ses talents suffisants ; et je ne puis dire que ma faiblesse ait jamais été autant insultée par ma sagesse que dans cette tentative.

La Fleur était entré de bonne heure dans le monde, aussi bravement que font la plupart des Français, en *servant* quelques années, au bout de quoi, ayant satisfait au sentiment, et compris de plus que l'honneur de battre le tambour paraissait devoir trouver sa récompense en lui-même, puisqu'il ne lui ouvrait aucun autre chemin vers la gloire – il s'en retourna *à ses terres*, et vécut *comme il plaisait à Dieu* – c'est-à-dire de rien.

— Et ainsi, dit la *Sagesse*, vous avez engagé un tambour pour vous suivre dans votre tour de France et d'Italie ? Bah ! dis-je, est-ce que la moitié de nos gentlemen ne font pas le même tour avec un *compagnon de voyage* qui raisonne comme un tambour, et n'ont pas à payer en outre les violons, et le diable et son train? Quand un homme peut se tirer d'affaire avec une *équivoque* dans un combat si inégal – il n'est pas trop malheureux – Mais vous savez faire autre chose, La Fleur? – *Oh qu'oui!* – il savait faire des guêtres, et jouer un peu du violon – Bravo! dit la *Sagesse* – Ma foi, je joue moi-même de la basse, dis-je – nous nous accorderons très bien. – Vous savez raser, et arranger un peu une perruque, La Fleur? – Il avait toutes les dispositions du monde – C'est assez pour le ciel! dis-je en l'interrompant – et cela devrait être assez pour moi – Le souper donc arrivant, et ayant d'un côté de ma chaise un frétillant épagneul anglais, et de l'autre un valet français avec autant d'hilarité dans sa contenance que jamais la nature n'en peignit – j'étais pleinement satisfait de mon empire; et si les monarques savaient ce qu'ils voulaient, ils pourraient être aussi satisfaits que je l'étais.

Montreuil

Comme La Fleur fit avec moi tout le tour de France et d'Italie, et qu'il sera souvent en scène, je dois lui concilier un peu plus l'intérêt du lecteur, en disant que je n'eus jamais moins sujet de me repentir des impulsions qui généralement me déterminent, que vis-à-vis de ce garçon – ç'a été l'âme la plus fidèle, la plus affectionnée, la plus ingénue, qui ait jamais fatigué sur les talons d'un philosophe; et quoique ses talents de battre du tambour et de faire des guêtres, bien que fort bons en eux-mêmes, ne me fussent point d'un grand service, j'en étais dédommagé à toute heure par la gaieté de son caractère – elle suppléait à tous les défauts – son aspect était ma ressource constante dans toutes mes difficultés et détresses – j'allais ajouter, et dans les siennes aussi; mais rien ne pouvait atteindre La Fleur; car, que ce fût la faim, la soif, le froid, le dénuement, les veilles, ou tout autre coup de l'adversité que La Fleur subît dans nos voyages, aucun signe ne l'indiquait sur sa physionomie – il était éternellement le même – de sorte que si je suis tant soit peu philosophe, ce que Satan de temps à autre me met en tête – l'orgueil de cette idée est toujours mortifié quand je réfléchis sur tout ce que je dois à la philosophie que ce pauvre garçon tenait de sa complexion, et qui, me faisant rougir de la mienne, m'en a inspiré une meilleure. Avec tout cela, La Fleur avait une petite teinte de fatuité – mais il semblait à première vue que sa fatuité fût un trait de la nature plutôt que de l'artifice; et avant que j'eusse été trois jours à Paris avec lui – il ne me semblait plus du tout fat.

MONTREUIL

Le lendemain matin, La Fleur entrant en fonctions, je lui remis la clef de mon portemanteau, avec un inventaire de ma demi-douzaine de chemises et de ma culotte de soie noire ; et je lui ordonnai de tout attacher sur la chaise – de faire atteler – et de dire à l'aubergiste de m'apporter son compte.

C'est un garçon à bonnes fortunes, dit l'aubergiste, montrant par la croisée une demi-douzaine de filles qui entouraient La Fleur, et prenaient très affectueusement congé de lui comme le postillon faisait sortir les chevaux. La Fleur leur baisait et leur rebaisait les mains à la ronde, et trois fois il s'essuya les yeux, et trois fois il promit de leur rapporter à toutes des pardons de Rome.

Ce jeune homme, dit l'aubergiste, est aimé de toute la ville, et il n'est guère de coin dans Montreuil où son absence ne laissera un vide ; il n'a qu'un malheur au monde, continua-t-il : « Il est toujours amoureux. » – J'en suis ravi, dis-je – cela m'épargnera la peine, tous les soirs, de mettre ma culotte sous ma tête. En disant cela, je ne faisais pas tant l'éloge de La Fleur que le mien propre, ayant été presque toute ma vie amoureux d'une princesse ou d'une autre, et j'espère bien continuer ainsi jusqu'à ce que je meure, étant fermement persuadé que si jamais je commets une bassesse, ce sera dans l'intervalle d'une passion à une autre : tant que dure cet interrègne, je sens toujours mon cœur fermé à clef – c'est à peine si j'y trouve de quoi donner six pence à la Misère ; aussi je sors de cet état le plus vite que je peux, et dès que je suis rallumé, je suis toute générosité et toute bienveillance à nouveau ; et je ferais tout au monde pour, ou avec, n'importe qui, pourvu qu'on me prouvât que c'est sans péché.

— Mais en disant cela – sûrement je fais l'éloge de la passion – non le mien.

Un fragment

— La ville d'Abdère, quoique Démocrite y vécût et usât pour la réformer de toutes les ressources de l'ironie et du rire, était la ville la plus corrompue et la plus débauchée de toute la Thrace. Entre les empoisonnements, les conspirations et les assassinats – les libelles, les pasquinades et les émeutes, il n'y avait pas moyen d'y aller de jour – c'était pire de nuit.

Or, quand les choses étaient au plus mal, il arriva que l'*Andromède* d'Euripide ayant été représentée à Abdère, tout l'orchestre en fut enchanté ; mais de tous les passages qui l'enchantèrent, rien ne fit plus d'effet sur les imaginations que les touches si naturelles et si tendres que le poète avait mises dans ce discours pathétique de Persée :

Cupidon! roi des dieux et des hommes, etc.

Tout le monde parlait quasi en purs ïambes le lendemain, et il n'était question que de la tirade pathétique de Persée – « Cupidon! roi des dieux et des hommes » – dans chaque rue d'Abdère, dans chaque maison – « Cupidon! Cupidon! » – dans chaque bouche, comme les notes naturelles de quelque douce mélodie qui s'en échappe qu'on le veuille ou non – rien que : « Cupidon! roi des dieux et des hommes » – le feu prit – et toute la cité, comme le cœur d'un seul homme, s'ouvrit à l'Amour.

Pas un pharmacien ne pouvait vendre un seul grain d'ellébore – pas le moindre armurier qui eût le cœur à forger un seul instrument de mort – l'Amitié et la Vertu venaient au-devant l'une de l'autre et s'embrassaient dans la rue – l'âge d'or était de retour, et planait sur la ville d'Abdère – chaque Abdéritain prenait son chalumeau d'avoine, et chaque Abdéritaine laissait son tissu de pourpre, et s'asseyait chastement pour écouter la chanson –

Il n'appartenait de faire cela, dit le Fragment, qu'au Dieu dont l'empire s'étend du ciel à la terre, et jusque dans les profondeurs de la mer.

Lorsque tout est prêt, et que chaque article a été débattu et payé dans l'auberge, à moins qu'on ne soit un peu aigri de l'aventure, il y a toujours une affaire à régler à la porte avant de pouvoir monter en voiture; et c'est avec les fils et les filles de la pauvreté qui vous entourent. Que nul ne dise : « Qu'ils aillent au diable ! » – c'est un cruel voyage à faire faire à quelques misérables, et ils ont eu assez de souffrances sans cela : je juge toujours préférable de prendre quelques sous dans ma main; et je conseillerais à tout noble voyageur de faire de même; il n'a pas besoin d'assigner trop exactement ses raisons de les donner – elles seront enregistrées ailleurs.

Pour ma part, je donne moins que personne : car peu de gens, que je sache, ont si peu à donner; mais comme c'était mon premier acte public de charité en France, j'y fis d'autant plus attention.

Hélas ! je n'ai que huit sous au monde, dis-je en les montrant dans ma main, et voilà huit pauvres hommes et huit pauvres femmes.

Un pauvre être tout déguenillé et sans chemise se désista aussitôt de ses prétentions, en se retirant de deux pas hors du cercle, et faisant un salut comme pour se disqualifier de lui-même. Quand le parterre entier aurait crié d'une seule voix : *Place aux dames*, il n'aurait pas exprimé sa déférence pour le sexe avec la moitié de cet effet.

Juste ciel! par quels sages motifs as-tu ordonné que la mendicité et l'urbanité, qui sont si mal d'accord dans d'autres pays, trouveraient moyen d'être unies dans celui-ci?

— J'insistai pour qu'il acceptât un seul sou, rien que pour sa *politesse.*

Un pauvre petit diable, d'une taille de nain et plein de vivacité, qui était vis-à-vis de moi dans le cercle, mettant d'abord sous son bras ce qui avait jadis été un chapeau, tira sa tabatière de sa poche, et offrit généreusement une prise à ses voisins : c'était un présent de conséquence, et qui fut modestement décliné – le pauvre petit diable les pressait d'en prendre, avec des signes de tête engageants – *Prenez-en* – *Prenez-en*, disait-il en regardant d'un autre côté; en sorte qu'ils prirent chacun une prise – Ce serait pitié que ta boîte en manquât jamais! me dis-je; j'y mis donc une couple de sous – y prenant une petite pincée en même temps, pour augmenter leur valeur – Il sentit le poids de cette seconde obligation, plus que de la première – c'était lui faire un honneur – l'autre n'était que de la charité – et il me fit en retour un salut jusqu'à terre.

— Tiens! dis-je à un vieux soldat manchot que le service et les campagnes avaient mis au bord de la tombe, voici deux sous pour toi – *Vive le roi!* dit le vieux soldat.

Il ne me restait alors que trois sous : j'en donnai donc un, simplement *pour l'amour de Dieu*, c'est-à-dire au même titre qu'on le demandait – La pauvre femme avait la hanche disloquée; ainsi ce ne pouvait guère être par un autre motif. *Mon cher et très charitable monsieur* – Le moyen, dis-je, de résister à cela !

Milord anglais ! – rien que le son valait de l'argent – je *le payai de mon dernier sou.* Mais dans mon empressement à donner, j'avais négligé un *pauvre honteux*, sans personne qui demandât un sou pour lui, et qui, je crois, serait mort avant de le demander lui-même : il se tenait près de la chaise, un peu en dehors du cercle, et essuyait une larme d'un visage qui, pensai-je, avait vu des jours meilleurs – Bon Dieu ! dis-je – et il ne me reste plus un sou à lui donner – Mais tu en as mille ! s'écrièrent toutes les puissances de la nature, s'éveillant en moi – je lui donnai donc – peu importe quoi – j'ai honte de dire *combien*, à présent – et j'avais honte de penser *combien peu*, alors : si donc le lecteur peut former quelque conjecture quant à ma disposition, ces deux points fixes lui étant donnés, il peut juger, à une ou deux livres près, quelle était la somme précise.

Je ne pus offrir au reste, que : *Dieu vous bénisse – Et le bon Dieu vous bénisse encore* – dirent le vieux soldat, le nain, etc. Le *pauvre honteux* ne put rien dire – il sortit un petit mouchoir, et s'essuya le visage en se détournant – et je trouvai qu'il me remerciait davantage que tous les autres.

Le bidet

Ayant réglé toutes ces petites affaires, je montai dans ma chaise de poste plus à l'aise que je ne le fus jamais de ma vie en montant dans une chaise de poste ; et, La Fleur ayant passé une forte botte et puis une autre de chaque côté d'un petit *bidet*[1] (car je compte pour rien ses jambes), – il prit les devants au petit galop, aussi heureux et aussi perpendiculaire qu'un prince –

— Mais qu'est-ce que le bonheur ? qu'est-ce que la grandeur, dans cette scène peinte qu'est la vie ? Nous n'avions pas fait une lieue, qu'un âne mort arrêta soudain La Fleur dans sa carrière – son bidet refusa de passer auprès – une contestation s'éleva entre eux, et le pauvre diable fut lancé hors de ses fortes bottes dès la première ruade.

La Fleur supporta sa chute en chrétien français, sans en dire ni plus ni moins que : « Diable ! » – il se releva à l'instant et revint à la charge sur l'obstacle, battant son bidet pour l'encourager comme il eût fait de son tambour.

Le bidet courait d'un côté de la route à l'autre, puis reculait à nouveau – allait de-ci – puis

1. Cheval de poste. *(N.d.A.)*

de-là, bref partout, excepté près de l'âne mort. – La Fleur insista sur la chose – et le bidet le jeta par terre.

Qu'arrive-t-il donc, La Fleur, dis-je, à ton bidet ? – *Monsieur*, dit-il, *c'est le cheval le plus opiniâtre du monde* – Eh bien, si c'est un animal entêté, il faut qu'il aille à sa guise, répliquai-je – La Fleur donc en redescendit, et lui ayant donné un bon coup de fouet, le bidet me prit au mot et, décampant, s'en retourna à Montreuil. – *Peste* ! dit La Fleur.

Il n'est pas *mal à propos* de remarquer que, quoique La Fleur ne se fût servi que de deux exclamations différentes dans cette rencontre – à savoir, *Diable !* et *Peste !* – néanmoins, il y en a trois dans la langue française : tels le positif, le comparatif et le superlatif, qui l'un ou l'autre répondent à chaque coup de dé imprévu dans la vie.

Le Diable ! qui est le premier degré, le positif, s'emploie, en général, dans les émotions ordinaires de l'âme, quand ce sont de petites choses seulement qui sont contraires à vos attentes – par exemple – un doublet qu'on amène au trictrac – la chute de cheval de La Fleur, et ainsi de suite – le cocuage, pour la même raison, est toujours – *le Diable !*

Mais dans les cas où le coup a quelque chose de dépitant, comme dans celui de la fuite de ce bidet laissant La Fleur échoué dans ses fortes bottes – c'est le second degré.

Alors, c'est *Peste !*

Et quant au troisième –

— Mais ici mon cœur est navré de pitié et de sympathie, quand je songe à toutes les misères qui ont dû être le lot d'un peuple si poli, et combien il a dû cruellement souffrir, pour qu'il se soit vu réduit à l'employer. –

Accordez-moi, ô puissances qui douez la langue d'éloquence dans la détresse ! – quel que soit mon *coup de dés*, accordez-moi seulement des mots décents pour exclamations, et je me laisserai aller à ma nature.

— Mais comme on ne pouvait s'en procurer en France, je résolus de prendre tous mes maux comme ils viendraient, sans exclamation du tout.

La Fleur, qui n'avait pas fait une pareille convention avec lui-même, suivit le bidet des yeux jusqu'à ce qu'il fût hors de vue – et alors, vous pouvez imaginer, si vous voulez, par quel mot il termina toute l'affaire.

Comme il n'y avait pas moyen de courir en bottes fortes après un cheval effarouché, il ne restait d'alternative que de prendre La Fleur soit derrière la chaise, soit dedans. –

Je préférai ce dernier parti ; et en une demi-heure, nous arrivâmes à la poste de Nampont.

NAMPONT
L'ÂNE MORT

Et ceci, dit-il en mettant dans son bissac le reste d'une croûte de pain – et ceci aurait été ta portion, si tu avais vécu pour le partager avec moi. Je crus, à l'accent, que c'était une apostrophe à son enfant ; mais c'était à son âne, et à ce même âne que nous avions vu mort sur la route, et qui avait été cause de la mésaventure de La Fleur. L'homme semblait le regretter beaucoup ; et cela me rappela à l'instant les lamentations de Sancho sur le sien ; mais l'autre le faisait avec des traits plus vrais et naturels.

L'affligé était assis sur un banc de pierre à la porte, ayant à côté de lui le bât et la bride de l'âne, qu'il soulevait de temps en temps – puis il les reposait – les regardait et secouait la tête. Ensuite, il reprit sa croûte de pain dans son bissac, comme pour la manger ; il la tint quelque temps dans sa main, puis il la mit sur le mors de la bride de son âne – regarda d'un œil mélancolique le petit arrangement qu'il avait fait – et poussa un soupir.

La simplicité de sa douleur attira un bon nombre de gens autour de lui, et La Fleur, entre autres, pendant qu'on préparait les chevaux ; comme je restais assis dans ma chaise de poste, je pouvais voir et entendre par-dessus leurs têtes.

— Il disait qu'il arrivait en dernier lieu de l'Espagne, où il était allé depuis le fin fond de la Franconie ; et qu'il en était là de son voyage de retour, quand son âne était mort. Chacun parut curieux de savoir ce qui avait pu amener un homme si vieux et si pauvre à partir aussi loin de chez lui.

Il avait plu au ciel, dit-il, de lui faire don de trois enfants, les plus beaux garçons de toute l'Allemagne ; mais la petite vérole lui ayant ôté les deux aînés en une semaine, et le plus jeune étant tombé atteint de la même maladie, il avait craint de les perdre tous ; et il avait fait vœu, si le ciel voulait ne pas lui prendre aussi le dernier, d'aller par reconnaissance à Saint-Jacques, en Espagne.

Quand l'affligé en fut là de son histoire, il s'arrêta pour payer son tribut à la nature – et pleura amèrement.

Il dit que le ciel avait accepté ces conditions, et qu'il était parti de sa chaumière avec cette pauvre créature qui avait patiemment partagé son voyage – qu'elle avait mangé le même pain que lui pendant toute la route, et qu'elle avait été pour lui comme un ami.

Tous les assistants avaient écouté le pauvre homme avec compassion – La Fleur lui offrit de l'argent. – L'affligé dit qu'il n'en avait pas besoin – ce n'était pas la valeur de l'âne – mais sa perte. – L'âne l'aimait, dit-il, il en était certain – et là-dessus, il leur raconta longuement l'histoire d'un accident qui, à leur passage dans les Pyrénées, les avait séparés l'un de l'autre trois jours, durant lesquels l'âne l'avait cherché autant qu'il avait cherché l'âne, et qu'ils n'avaient presque ni mangé ni bu, jusqu'au moment qu'ils se retrouvèrent.

Tu as, dis-je, une consolation du moins dans la perte de ta pauvre bête : je suis sûr que tu as été pour elle un maître miséricordieux. – Hélas ! dit l'affligé, je l'ai cru, tant qu'elle a vécu – mais maintenant qu'elle est morte, je pense autrement. Je crains que mon poids joint à celui de mes afflictions n'ait été trop pour elle – il aura abrégé les jours de la pauvre créature, et je crains d'avoir à en répondre. – Honte au monde! me dis-je – Si nous nous aimions les uns les autres comme ce pauvre homme aimait son âne – ce serait quelque chose. –

Nampont
LE POSTILLON

L'attendrissement où m'avait jeté l'histoire de ce pauvre diable réclamait quelque attention; le postillon ne lui en accorda pas l'ombre, mais partit au grand galop sur le *pavé*.

L'être le plus altéré dans le désert le plus sablonneux de l'Arabie n'aurait pu désirer plus ardemment un verre d'eau froide, que je n'aspirais à des mouvements graves et tranquilles; et j'aurais eu une haute opinion du postillon, s'il s'était éclipsé avec moi d'un pas pensif, ou approchant. – Au contraire, comme l'affligé finissait sa lamentation, l'insensible drôle donna un coup de fouet à chacune de ses bêtes, et partit avec un tintamarre de tous les diables.

Je lui criai aussi haut que je pus d'aller plus lentement pour l'amour du ciel – et plus je criai, plus il galopa impitoyablement. – Le diable l'emporte, et son galop avec – dis-je – il continuera de me briser les nerfs jusqu'à ce qu'il m'ait jeté dans une sotte colère, et alors il ira lentement, pour que j'en puisse savourer les douceurs.

Le postillon exécuta ce plan avec une précision miraculeuse : le temps d'arriver au pied d'une côte rapide, à environ une demi-lieue de Nampont – il m'avait mis en fureur contre lui – et puis contre moi-même, de me sentir ainsi.

Mon cas demandait alors un traitement différent ; et un bon galop bien bruyant m'eût été d'un réel service. –

— Va donc, je t'en prie – va donc, mon brave garçon – lui dis-je.

Le postillon me montra la côte du doigt – j'essayai alors de revenir à l'histoire du pauvre Allemand et de son âne – mais j'avais perdu le fil – et je ne pouvais pas plus le reprendre, que le postillon reprendre son trot.

— Le diable, dis-je, emporte tout cela ! Me voici assis là, aussi sincèrement disposé qu'homme le fut jamais à prendre les choses du meilleur côté, et tout vient à la traverse.

Du moins est-il un doux lénitif que la nature nous offre dans nos maux ; je le reçus donc avec reconnaissance de ses mains, et je m'endormis ; et le premier mot qui m'éveilla fut celui d'*Amiens*.

— Dieu me bénisse ! dis-je en me frottant les yeux – c'est la ville où ma pauvre dame doit venir.

Amiens

Ces mots étaient à peine sortis de ma bouche, quand la chaise de poste du comte de L*** passa rapidement avec sa sœur dedans ; elle eut tout juste le temps de me faire un salut de reconnaissance – et de cette sorte particulière, qui me dit qu'elle n'en avait pas fini avec moi. Elle tint ce que son regard avait promis : car avant que j'eusse bien fini de souper, le domestique de son frère entra avec un billet, où elle disait qu'elle avait pris la liberté de me charger d'une lettre que j'aurais à porter moi-même à madame R***, la première matinée que je n'aurais rien à faire à Paris. Elle ajoutait seulement qu'elle était peinée, bien qu'elle n'eût pas réfléchi par quel *penchant*, de n'avoir pu me raconter son histoire – qu'elle me la devait toujours ; et que si jamais Bruxelles se trouvait sur mon chemin, et que je n'eusse pas alors oublié le nom de madame de L***, cette madame de L*** serait heureuse d'acquitter sa dette.

Je te retrouverai donc, bel ange ! à Bruxelles, dis-je – je n'ai qu'à revenir d'Italie chez moi par l'Allemagne et la Hollande, par la route de Flandre – ce sera tout au plus un détour de dix postes ; mais quand ce serait de dix mille ! de quelle jouissance morale ce sera couronner mon voyage, que de prendre part aux incidents navrants d'un récit de misères, raconté par semblable infortunée ! de la voir pleurer ! et quoique je ne puisse tarir la source de ses larmes, quelle sensation exquise il me reste encore, de pouvoir les essuyer sur les joues de la première et de la plus belle des femmes, assis toute la soirée près d'elle en silence, mon mouchoir à la main !

Il n'y avait rien de mal dans ce sentiment ; et pourtant j'en fis sur-le-champ reproche à mon cœur, dans les termes les plus amers et les plus réprobateurs.

Ç'a toujours été, je l'ai dit au lecteur, une des bénédictions singulières de mon existence, que d'être presque à toute heure misérablement amoureux de quelque femme ; et ma dernière flamme s'étant trouvée soufflée tout à coup, au brusque détour d'une rue, par une bouffée de jalousie, je l'avais rallumée au pur flambeau d'Éliza, il n'y avait guère que trois mois – et j'avais juré, ce faisant, qu'elle me durerait tout mon voyage – Pourquoi devrais-je le dissimuler? Je lui avais juré une fidélité éternelle – elle avait droit à mon cœur tout entier – diviser mes affections, c'était les diminuer – les exposer, c'était les risquer; où il y a risque, il peut y avoir perte – et qu'auras-tu à répondre, Yorick! à un cœur si plein de confiance et de foi – si bon, si doux, si incapable de reproches?

— Je n'irai pas à Bruxelles, répartis-je en m'interrompant – mais mon imagination poursuivit sa course – je me rappelai ses regards à ce moment critique de notre séparation, où ni l'un ni l'autre n'avait la force de dire adieu! je regardai le portrait qu'elle m'avait attaché au cou avec un ruban noir – et je rougis en le regardant – j'aurais donné tout au monde pour le baiser, – mais j'avais honte – Et cette tendre fleur, dis-je en le pressant entre mes mains, faut-il qu'elle soit frappée à la racine – et frappée par toi, Yorick! qui as promis de l'abriter en ton sein?

Source éternelle de bonheur! dis-je en me mettant à genoux – je te prends à témoin – et vous tous, purs esprits qui y puisez, je vous prends à témoin aussi, que je n'irais point à Bruxelles, à moins qu'Éliza n'y vînt avec moi, quand la route m'en conduirait au ciel.

Dans ces sortes de transports, l'entendement a beau faire, le cœur en dira toujours trop.

La lettre
Amiens

La Fortune n'avait pas souri à La Fleur ; car il avait échoué dans ses exploits chevaleresques – il n'avait pas eu la moindre chance de signaler son zèle à mon service depuis qu'il y était entré, c'est-à-dire depuis près de vingt-quatre heures. Le pauvre garçon brûlait d'impatience, et l'arrivée du domestique du comte de L – avec une lettre étant la première occasion raisonnable qui se présentât, La Fleur l'avait saisie ; et afin de faire honneur à son maître, il avait emmené ce messager dans une arrière-salle de l'auberge, et l'avait régalé d'un verre ou deux du meilleur vin de Picardie ; et en retour, le domestique du comte de L –, pour ne pas être en reste de politesse avec La Fleur, l'avait remmené avec lui à l'hôtel du comte. La *prévenance* de La Fleur (car son aspect même était un passeport) mit bientôt tous les domestiques de la cuisine à l'aise en sa compagnie ; et comme un Français, quels que soient ses talents, n'a aucune espèce de pruderie à les montrer, La Fleur, en moins de cinq minutes, avait sorti son fifre et, menant lui-même la danse dès la première note, avait mis en branle la *fille de chambre*, le *maître d'hôtel*, le cuisinier, le marmiton, et toute la maison, les chiens et les chats, et jusqu'à un vieux singe ; je crois qu'il n'y avait jamais eu de cuisine plus gaie depuis le déluge.

Madame de L***, qui passait de l'appartement de son frère dans le sien, entendant qu'on se divertissait si fort en bas, sonna sa *fille de chambre* pour en savoir la cause ; et apprenant que c'était le domestique du monsieur anglais qui avait mis toute la maison en train avec son fifre, elle ordonna de le faire monter.

Comme le pauvre garçon ne pouvait se présenter les mains vides, il s'était chargé en montant l'escalier de mille compliments pour madame de L***, de la part de son maître – y ajouta une longue série de questions apocryphes au sujet de la santé de madame – lui dit que monsieur son maître serait au *désespoir* qu'elle ne fût pas remise des fatigues de son voyage – et pour conclure, que monsieur avait reçu la lettre que madame lui avait fait l'honneur – Et il m'a fait l'honneur, dit madame de L***, interrompant La Fleur, de m'envoyer un billet en réponse.

Madame de L*** avait dit cela d'un ton si confiant, que La Fleur n'eut pas la force de décevoir ses attentes – il trembla pour mon honneur – et peut-être ne fut-il pas tout à fait sans inquiétude pour le sien, puisque aussi bien il était capable de servir un maître qui pouvait manquer *d'égards vis-à-vis d'une femme* ; si bien que lorsque madame de L*** demanda à La Fleur s'il avait apporté une lettre – *Oh qu'oui*, répondit-il : posant donc son chapeau à terre, et prenant de la main gauche la basque de sa poche droite, il commença à chercher la lettre de l'autre main – puis changea de côté – *Diable!* – puis il fouilla chaque poche – poche après poche, tour à tour, sans oublier son gousset – *Peste!* – puis La Fleur les vida sur le parquet – tira de ce tas une cravate sale – un mouchoir – un peigne – une mèche de fouet – un bonnet de nuit – puis jeta un coup d'œil dans son chapeau – *Quelle étourderie!* Il avait laissé la lettre sur la table à l'auberge – il courait la chercher, et serait de retour avec dans trois minutes.

Je venais de finir mon souper quand La Fleur vint me rendre compte de son aventure; il me conta toute l'histoire simplement comme elle s'était passée, et ajouta seulement que si monsieur avait oublié (*par hasard*) de répondre à la lettre de madame, cet arrangement lui donnait l'occasion de rattraper son *faux pas* – et sinon, que les choses resteraient ce qu'elles étaient.

Or je n'étais pas tout à fait sûr de mon *étiquette*, ni si j'aurais dû écrire ou non; mais si je l'avais été – même un démon n'aurait pu se fâcher : ce n'était que le zèle officieux d'un être bien intentionné pour mon honneur; et quoi qu'il pût s'être trompé de route – ou m'embarrasser en ayant agi ainsi – son cœur n'était point en faute – je n'étais pas dans la nécessité d'écrire – et ce qui avait plus de poids que tout le reste – il n'avait pas l'air d'un homme qui a mal fait.

— C'est très bien, La Fleur, dis-je. – Ce fut suffisant. La Fleur s'élança hors de la pièce tel l'éclair, et revint avec plume, encre et papier à la main ; et, s'approchant de la table, il les posa juste devant moi, la figure si joyeuse que je ne pus faire autrement que de prendre la plume.

Je commençai et recommençai ; et quoique je n'eusse rien à dire, et que ce rien eût pu être exprimé en une demi-douzaine de lignes, je fis une demi-douzaine de commencements différents, sans arriver à me sentir satisfait.

Bref, je n'étais pas en humeur d'écrire.

La Fleur sortit et rapporta un peu d'eau dans un verre pour délayer mon encre – puis alla quérir la poudre et la cire à cacheter – ce fut tout un : j'écrivis, je raturai, je déchirai, je brûlai, je récrivis – *Le Diable l'emporte !* – je ne puis écrire cette lettre-là, dis-je moitié à moi-même, en jetant la plume de désespoir.

Aussitôt que j'eus jeté la plume, La Fleur s'approcha de la table avec le port le plus déférent, et faisant mille excuses de la liberté qu'il allait prendre, me dit qu'il avait dans sa poche une lettre écrite par un tambour de son régiment à la femme d'un caporal, qui, il osait le dire, conviendrait à la circonstance.

J'étais disposé à laisser le pauvre garçon faire à sa guise. – Voyons-la donc, je t'en prie, lui dis-je.

La Fleur sortit aussitôt un petit portefeuille sale tout rempli de courtes lettres et de billets doux dans un triste état, et, le posant sur la table, puis dénouant le cordon qui les liait ensemble, il les parcourut un à un, jusqu'au moment où il parvint à la lettre en question – *La voilà !* dit-il en battant des mains ; et après l'avoir dépliée, il la mit devant moi, et se retira à trois pas de la table pendant que je la lisais.

LA LETTRE

Madame,

Je suis pénétré de la douleur la plus vive, et réduit en même temps au désespoir par ce retour imprévu du caporal, qui rend notre entrevue de ce soir la chose du monde la plus impossible.

Mais vive la joie ! et toute la mienne sera de penser à vous.

L'amour n'est rien *sans sentiment.*

Et le sentiment est encore moins *sans amour.*

On dit qu'on ne doit jamais se désespérer ;

On dit aussi que monsieur le caporal monte la garde mercredi : alors ce sera mon tour.

Chacun a son tour.

En attendant – Vive l'amour ! et vive la bagatelle !

Je suis, Madame,

Avec les sentiments les plus respectueux et les plus tendres, tout à vous,

Jacques ROQUE.

Il n'y avait qu'à changer le caporal en comte – et ne rien dire de la garde à monter le mercredi – et la lettre n'était ni bonne ni mauvaise – afin donc de faire plaisir au pauvre garçon, qui était là tremblant pour mon honneur, le sien, et celui de la lettre, – j'en pris doucement la crème et, l'ayant fouettée à ma manière – je la cachetai, et je le renvoyai avec chez madame de L*** – et le lendemain matin nous continuâmes notre route vers Paris.

Paris

Quand un homme peut, dans une contestation, s'appuyer d'un équipage et tout renverser devant lui grâce à une demi-douzaine de laquais et une couple de cuisiniers – c'est très bien dans un endroit tel que Paris – il peut entrer dans n'importe quelle rue par le bout qu'il veut.

Un pauvre prince qui est faible en cavalerie, et dont toute l'infanterie n'excède pas un seul homme, fera mieux d'abandonner le terrain, et de se signaler dans le cabinet, s'il y peut monter – je dis, *y monter* – car il n'y a pas moyen de descendre perpendiculairement au beau milieu, avec un *Me voici, mes enfants* – me voici – quoi qu'en puissent penser bien des gens.

J'avoue que mes premières sensations, dès que je fus laissé à moi-même et solitaire dans ma chambre à l'hôtel, furent loin d'être aussi flatteuses que je me les étais d'abord figurées. J'allai gravement à la fenêtre, dans mon habit noir poudreux, et regardant par la vitre, je vis tout le monde en jaune, en bleu, en vert, courant la bague du plaisir – Les vieux, avec des lances rompues et des casques qui avaient perdu leur visière – les jeunes sous d'éclatantes armures qui resplendissaient comme l'or, empanachés de tous les gais plumages de l'Orient – tous, tous joutant pour le prix, comme les preux fascinés dans les tournois de jadis, pour la gloire et l'amour. –

Hélas, pauvre Yorick ! m'écriai-je, que fais-tu ici ? Au premier assaut de tout ce brillant fracas, te voilà réduit à un atome – cherche – cherche quelque ruelle tortueuse, avec un tourniquet au bout, où jamais carrosse n'ait roulé ni flambeau dardé ses rayons – là tu pourrais apaiser ton âme en de doux entretiens avec quelque aimable *grisette*, femme d'un barbier, et entrer dans de telles coteries ! –

— Plutôt périr ! dis-je en sortant la lettre que j'avais à présenter à madame de R***. – La première chose que je ferai sera d'aller saluer cette dame. J'appelai donc La Fleur et lui dis d'aller me chercher un perruquier sur-le-champ – et de revenir brosser mon habit.

La perruque
Paris

Quand le perruquier vint, il refusa énergiquement d'avoir affaire à ma perruque : elle était soit au-dessus, soit au-dessous de son art ; je n'eus d'autre parti à prendre que d'en acheter une toute faite qu'il me recommanda.

— Mais je crains, l'ami ! dis-je, que cette boucle ne tienne pas. – Vous pouvez la plonger, répliqua-t-il, dans l'Océan, elle tiendra encore – Comme tout est sur une grande échelle dans cette ville ! pensai-je – Les idées d'un perruquier anglais, étirées à l'extrême, n'eussent pas été plus loin que « trempez-la dans un seau d'eau » – Quelle différence ! c'est comme le temps comparé à l'éternité.

J'avoue que je hais toutes les froides conceptions, comme je hais les chétives idées qui les engendrent ; et je suis en général si frappé par les grands ouvrages de la nature que pour ma part, si je pouvais l'éviter, je ne prendrais jamais d'objet de comparaison qui fût au-dessous d'une montagne. Tout ce qu'on peut dire contre le sublime français, dans ce cas particulier – c'est que la grandeur en réside *plus* dans le *mot*, et *moins* dans la *chose*. Nul doute que l'Océan ne remplisse l'esprit de vastes idées ; mais Paris étant si avant dans les terres, il n'était guère probable que je courusse en poste à une centaine de milles pour tenter l'expérience – le mot du perruquier parisien ne signifiait rien. –

Le seau d'eau, placé à côté de l'immense abîme, ne fait assurément qu'une piètre figure de langage – mais on observera – qu'il a un avantage – c'est qu'il est dans la pièce voisine, et qu'on peut y éprouver la solidité de la boucle sans plus de façons, en un instant.

À dire toute la vérité, et après une révision honnête de la question, *l'expression française promet davantage qu'elle ne tient.*

Il me semble que je puis mieux voir les signes précis et distinctifs des caractères nationaux dans ces *minuties* insignifiantes que dans les plus importantes affaires d'État, où les grands hommes de toutes les nations ont un ramage et un plumage si uniformes, que je ne donnerais pas neuf pence pour choisir entre eux.

Je fus si long à sortir des mains de mon perruquier, qu'il était trop tard pour songer à aller avec ma lettre chez madame R*** ce soir-là; mais comme, une fois que l'on est habillé de pied en cap pour sortir, les réflexions ne sont pas d'un grand usage, je notai le nom de l'Hôtel de Modène où je logeais – je sortis sans avoir décidé où j'irais – j'y penserai, dis-je, en marchant.

Le pouls
Paris

Salut, charmantes petites civilités de la vie, car c'est vous qui en aplanissez la route! comme la grâce et la beauté, qui inclinent à l'amour au premier regard; c'est vous qui ouvrez cette porte et qui faites entrer l'étranger.

— S'il vous plaît, madame, dis-je, ayez la bonté de m'indiquer de quel côté je dois prendre pour aller à l'Opéra-comique : – Très volontiers, monsieur, dit-elle en posant son ouvrage –

J'avais jeté, tout en cheminant, un coup d'œil dans une demi-douzaine de boutiques, pour y chercher une figure qui ne parût pas devoir être bouleversée par une interruption de ce genre; lorsque enfin, celle-ci ayant piqué ma fantaisie, j'étais entré.

Elle travaillait à une paire de manchettes, assise sur une chaise basse au fond de la boutique, en face de la porte –

— *Très volontiers*; très volontiers, dit-elle, posant son ouvrage sur une chaise près d'elle, et se levant de la chaise basse où elle était assise, d'un mouvement et d'un air si pleins d'entrain, qu'eussé-je dépensé cinquante *louis d'or* chez elle, j'aurais encore dit – « Cette femme est reconnaissante ».

Il faut, monsieur, que vous tourniez, dit-elle en allant avec moi à la porte de la boutique et en me montrant dans la rue le chemin que je devais prendre – il faut que vous tourniez d'abord à gauche – *mais prenez garde* – il y a deux tournants; et soyez assez bon pour prendre le second – puis faites un peu de chemin, et vous verrez une église, et quand vous l'aurez passée, donnez-vous la peine de tourner tout de suite à droite, et cela vous mènera au bas du *Pont-Neuf*, qu'il faudra traverser – et là, n'importe qui se fera un plaisir de vous montrer –

Elle me répéta trois fois ses instructions, avec la même patience affable la troisième fois que la première; – et si *le ton et les manières* ont un sens, ce qui est certainement le cas, hormis pour les cœurs qui se ferment à leur langage – elle semblait réellement s'intéresser à ce que je ne me perdisse point.

Je ne supposerai pas que la beauté de cette femme, bien que ce fût, je crois, la plus jolie grisette que j'aie jamais vue, ait été pour beaucoup dans le sentiment que j'avais de sa courtoisie; je me rappelle seulement qu'en lui disant combien je lui étais obligé, je la regardai droit dans les yeux, – et que je répétai mes remerciements aussi souvent qu'elle avait répété ses instructions.

Je n'avais point fait dix pas depuis la porte, que je m'aperçus que j'avais oublié jusqu'à la dernière syllabe de ce qu'elle avait dit – de sorte que, regardant en arrière et la voyant qui se tenait encore à la porte de sa boutique, comme pour examiner si je prenais ou non le bon chemin – je revins sur mes pas, afin de lui demander si c'était à droite ou à gauche que je devais tourner la première fois – car je l'avais absolument oublié. – Est-il possible! dit-elle, riant à demi. – C'est très possible, répliquai-je, quand on pense plus à une femme qu'à ses bons avis.

Comme c'était la pure vérité – elle le prit comme toute femme prend ce qui lui est dû, en faisant une légère révérence.

— *Attendez!* fit-elle, posant sa main sur mon bras pour me retenir, tandis qu'elle appelait un gamin dans l'arrière-boutique pour lui dire de préparer un paquet de gants. J'allais justement l'envoyer, dit-elle, porter un paquet dans ce quartier, et si vous voulez avoir la complaisance d'entrer, ce sera prêt dans un moment, et il vous accompagnera jusque-là. – Je la suivis donc au fond de la boutique, et, ayant pris dans ma main la manchette qu'elle avait posée sur la chaise, comme si j'avais envie de m'asseoir, elle s'assit sur la chaise basse, et je m'assis aussitôt à côté d'elle.

— Il sera prêt, dit-elle, dans un moment, monsieur – Et à ce moment-là, répondis-je, je voudrais de tout mon cœur vous dire quelque chose de très civil, en retour de toutes vos honnêtetés. Il n'est personne qui ne puisse, par hasard, faire un acte de bienveillance, mais une série continue de tels actes montrent qu'elle fait partie du tempérament; et, certainement, si le sang qui vient du cœur est le même qui descend aux extrémités, ajoutai-je (touchant son poignet), je suis sûr que vous devez avoir l'un des meilleurs pouls de toutes les femmes du monde – Tâtez-le, dit-elle en tendant le bras. Si bien que, posant mon chapeau, je lui pris d'une main les doigts, et j'appliquai les deux premiers de l'autre sur son artère –

— Plût au ciel, mon cher Eugénius ! que tu eusses passé par là et que tu m'eusses vu, assis dans mon habit noir et, de mon air langoureux, comptant ses pulsations une à une, avec autant de sincère dévotion que si j'avais guetté l'instant critique du flux ou du reflux de sa fièvre – Comme tu aurais ri, et moralisé sur ma nouvelle profession ! – et tu aurais pu rire et moraliser à ton aise – Crois bien, mon cher Eugénius, que je t'aurais répondu « qu'il y a de pires occupations en ce monde *que de tâter le pouls d'une femme* ». – Mais celui d'une grisette ! aurais-tu dit – et dans une boutique ouverte ! Yorick –

— Tant mieux : car lorsque mes vues sont directes, Eugénius, peu m'importe que tout l'univers me le voie tâter.

Le mari
Paris

J'avais compté vingt pulsations, et j'allais grand train vers la quarantième, quand son mari, arrivant à l'improviste de l'arrière-boutique, me dérangea un peu dans mon calcul – Ce n'était que son mari, dit-elle – de sorte que je commençai une nouvelle vingtaine – Monsieur a été assez bon, dit-elle, comme il passait près de nous, pour se donner la peine de me tâter le pouls – Le mari ôta son chapeau, et, me saluant, dit que je lui faisais trop d'honneur – et sur ces mots, il remit son chapeau et sortit.

Bon Dieu ! me dis-je comme il s'en allait – se peut-il donc que cet homme soit le mari de cette femme ?

Que les quelques lecteurs qui savent quels durent être les motifs de cette exclamation ne s'impatientent pas, si je les explique à ceux qui les ignorent.

À Londres, le boutiquier et sa femme semblent faits des mêmes os et de la même chair ; c'est tantôt l'un, tantôt l'autre qui possèdent les diverses qualités de l'esprit et du corps, de sorte qu'ils sont en général de niveau, et s'accordent l'un avec l'autre d'aussi près que doivent faire mari et femme.

À Paris, il n'existe guère deux ordres d'êtres plus différents : car les pouvoirs législatif et exécutif de la boutique n'appartenant point au mari, il y vient rarement – il reste assis en bonnet de coton, sans le moindre commerce, dans quelque sombre et morne pièce par-derrière; c'est le même enfant grossier de la nature, que lorsque la nature l'a laissé.

Le génie d'un peuple qui n'a rien de *salique* que sa monarchie, ayant totalement cédé ce département, avec maint autre, aux femmes – celles-ci, à force de continuellement débattre avec des chalands de tout rang et de toute taille, du matin jusqu'au soir, comme autant de galets bruts qu'on a longtemps secoués ensemble dans un sac, ont, par ces amicales collisions, usé leurs aspérités et angles aigus, et non seulement sont devenues égales et lisses, mais encore acquièrent, pour certaines, un poli comme celui d'un brillant – monsieur *le mari* ne vaut guère mieux que la pierre qui est sous vos pieds –

— Assurément, l'homme! assurément, il n'est pas bon pour toi de rester seul – tu as été créé pour les relations sociales et les compliments aimables, et j'en veux pour preuve ce perfectionnement que nos natures en ont reçu –

— Et comment bat-il, monsieur? demanda-t-elle. – Avec toute la bénignité que j'attendais, dis-je en la regardant paisiblement dans les yeux – Elle allait dire quelque chose de civil en retour – mais le gamin entra dans la boutique avec les gants – *À propos*, dis-je; j'en ai besoin de deux paires moi-même.

LES GANTS
PARIS

À ces mots, la belle grisette se leva, et, passant derrière le comptoir, descendit d'une étagère un paquet qu'elle défit ; j'avançai vis-à-vis d'elle ; les gants étaient tous trop grands. La belle grisette les mesura l'un après l'autre sur ma main – Cela ne changeait point leurs dimensions – Elle me pria d'en essayer une seule paire, qui semblait la plus petite – Elle tint le gant ouvert – ma main glissa dedans tout d'un trait – Cela n'ira pas, dis-je en secouant un peu la tête – Non, dit-elle en faisant de même.

Il est certaines combinaisons de regards d'une subtilité toute simple – où le caprice et la raison, le sérieux et la folie sont tellement confondus, que tous les langages de Babel déchaînés en même temps ne sauraient les exprimer – ils se communiquent et s'attrapent si instantanément, qu'on peut à peine dire de qui provient la contagion. Je laisse à l'enflure de nos faiseurs de phrases le soin de noircir des pages à ce propos – c'est assez pour le moment de redire que les gants ne m'allaient pas ; nous croisant donc les bras, nous nous appuyâmes tous deux sur le comptoir – il était étroit, et il y avait tout juste assez de place entre nous pour le paquet.

La belle grisette regardait parfois les gants, puis la croisée de côté, puis les gants – et puis moi. Je n'étais pas disposé à rompre le silence – je suivis son exemple : je regardai donc les gants, puis la croisée, puis les gants, et puis elle – et ainsi alternativement.

Je vis que je perdais considérablement à chaque attaque – elle avait l'œil noir et vif, et lançait, à travers des cils si longs et si soyeux, des traits si pénétrants qu'elle lisait jusque dans mon cœur et mes reins – cela peut sembler étrange, mais je sentais bel et bien que c'était ainsi –

— Il n'importe, dis-je, prenant deux des paires qui étaient près de moi, et les mettant dans ma poche. Je percevais que la belle grisette n'avait pas demandé plus d'une seule livre au-delà du prix – j'aurais voulu qu'elle m'eût demandé encore une livre, et je me creusais la cervelle pour trouver le moyen d'amener le sujet – Pensez-vous, mon cher monsieur, dit-elle, se méprenant sur mon embarras, que je pourrais demander un *sou* de trop à un étranger – et un étranger qui, par politesse plus que parce qu'il avait besoin de gants, m'a fait l'honneur de se mettre à ma merci ? – *M'en croyez-vous capable ?* – Sur ma foi, non, dis-je ; et si vous l'étiez, vous seriez la bienvenue – Là-dessus, lui comptant l'argent dans la main, et avec un salut plus profond qu'on n'en fait généralement à la femme d'un boutiquier, je sortis, et le gamin me suivit avec son paquet.

La traduction
Paris

Il n'y avait personne dans la loge où on me fit entrer qu'un aimable vieil officier français. J'aime ces caractères-là, non seulement parce que j'honore l'homme dont les mœurs sont adoucies par une profession qui rend les méchants plus mauvais encore ; mais parce que j'en ai connu un autrefois – car il n'est plus – et pourquoi ne mettrais-je pas une page à l'abri des violations en y écrivant son nom, et en disant au monde que c'était le capitaine Tobias Shandy, le plus cher de mes amis et de mes ouailles, à la philanthropie duquel je ne pense jamais, tant de temps après sa mort – sans que des larmes jaillissent de mes yeux ? J'ai, à cause de lui, une prédilection pour tout le corps des vétérans ; j'enjambai donc les deux banquettes de derrière, et me plaçai à côté de celui-ci.

Le vieil officier, à l'aide d'une grande paire de lunettes, lisait attentivement une petite brochure, qui pouvait être le livret de l'opéra. Aussitôt que je me fus assis, il retira ses lunettes et, les renfermant dans un étui de chagrin, les remit dans sa poche avec le livret. Je me levai à demi et lui fis un salut.

Traduisez cela dans toutes les langues civilisées du monde – le sens est le suivant :

« Voici un pauvre étranger qui est entré dans la loge – on dirait qu'il ne connaît personne ; et vraisemblablement il ne sera pas plus avancé, dût-il être sept ans à Paris, si tous les hommes dont il s'approche gardent leurs lunettes sur le nez – c'est absolument lui fermer la porte de la conversation au visage – et le traiter plus mal que ne ferait un Allemand. »

L'officier français aurait aussi bien pu dire tout cela à voix haute ; et s'il l'avait fait, j'aurais naturellement rendu en français le salut que je lui avais fait, et je lui aurais dit que j'étais sensible à son attention et que je l'en remerciais mille fois.

Il n'y a pas de secret qui aide autant au progrès de la sociabilité, que d'être au fait de cette *sténographie*, et d'être prompt à traduire en paroles simples tous ces tours divers de la physionomie et du geste, avec toutes leurs inflexions et leurs nuances. Pour ma part, par suite d'une longue habitude, je le fais si mécaniquement que, lorsque je marche par les rues de Londres, je vais traduisant tout le long du chemin ; et plus d'une fois je me suis tenu en retrait dans un cercle où il ne s'est pas dit trois mots, et j'en ai rapporté vingt dialogues dont j'aurais honnêtement pu écrire la teneur et garantir l'authenticité sous serment.

J'allais un soir au concert de Martini, à Milan, et je passais tout juste la porte de la salle comme la marchesina di F*** en sortait avec quelque précipitation – elle était presque sur moi avant que je l'eusse vue; je fis donc un bond de côté pour la laisser passer – Elle avait fait de même, et du même côté, aussi, de sorte que nous nous cognâmes la tête : elle se porta aussitôt de l'autre côté pour sortir; je fus précisément aussi malheureux qu'elle, car je m'étais jeté dans la même direction, et lui barrais encore le passage – Nous nous lançâmes tous deux de l'autre côté, et puis du précédent – et ainsi de suite – c'était ridicule – nous rougissions tous deux horriblement; si bien qu'à la fin je fis ce que j'aurais dû commencer par faire – je restai immobile comme un terme, et la marchesina passa sans plus de difficulté. Je n'eus point la force d'entrer dans la salle avant de lui avoir fait au moins la réparation d'attendre et de la suivre de l'œil jusqu'au bout du corridor – Elle regarda deux fois en arrière, et marchait un peu de côté, comme si elle voulait faire place aux personnes qui montaient dans sa direction – Non, dis-je – cette traduction est ignoble – la marchesina a droit aux meilleures excuses que je puisse lui faire; et c'est une ouverture qui m'est laissée pour que je les lui fasse – je courus donc lui demander pardon de l'embarras que je lui avais causé, ajoutant que j'avais voulu lui céder le passage. Elle répondit qu'elle avait obéi à une intention semblable envers moi – si bien que nous nous remerciâmes réciproquement. Elle était au haut de l'escalier; et ne voyant nul *sigisbée* près d'elle, je lui demandai la permission de la conduire à sa voiture – nous descendîmes donc, nous arrêtant de trois en trois marches pour parler du concert et de l'aventure – Je vous donne ma parole, madame, dis-je comme je l'aidais à monter, que j'ai fait six efforts différents pour vous laisser sortir – Et j'ai fait six efforts, répondit-elle, pour vous laisser entrer – Je voudrais, par le ciel, que vous en fissiez un septième, dis-je – De tout mon cœur, dit-elle en me faisant place – La vie est trop courte pour qu'on soit long en formalités – je montai donc à l'instant, et elle me remmena avec elle – Et ce qu'il advint du concert, sainte Cécile, qui, je suppose, s'y trouvait, le sait mieux que moi.

J'ajouterai seulement, que la liaison qui résulta de cette traduction me procura plus de plaisir qu'aucune de celles que j'eus l'honneur de faire en Italie.

Le nain
Paris

Je n'avais jamais de ma vie entendu faire cette remarque que par une seule personne, et quelle était cette personne, c'est ce qu'on verra probablement dans ce chapitre ; aussi, comme j'étais assez exempt de préventions, il faut qu'il y ait eu quelque fondement à ce qui me frappa dès l'instant où je jetai les yeux sur le *parterre* – je veux parler de l'inexplicable jeu auquel la nature s'est livrée en formant un si grand nombre de nains – Nul doute qu'elle ne se divertisse à certaines époques, dans presque tous les coins de l'univers ; mais à Paris, il n'y a point de bornes à ses amusements – La déesse paraît presque aussi gaie qu'elle est sage.

Comme j'emportai cette idée avec moi en sortant de l'*Opéra-comique*, je mesurai d'après elle chaque personne que je voyais passer dans la rue – Mélancolique occupation ! surtout quand la taille est extrêmement petite – la figure extrêmement noire – les yeux vifs – le nez long – les dents blanches – la mâchoire proéminente –, que de voir tant de misérables chassés par les accidents de leur classe propre et poussés jusqu'à la limite d'une autre qu'il m'est douloureux de nommer – sur trois hommes, un pygmée ! – certains par leurs têtes rachitiques et leurs dos bossus – d'autres par leurs jambes torses – une troisième espèce, arrêtée par la main de la nature dans les sixième et septième années de sa croissance – une quatrième, dans son état parfait et naturel, comme des pommiers nains destinés depuis les premiers linéaments et principes de leur existence à ne jamais grandir davantage.

Un voyageur médecin pourrait imputer cela à l'abus des bandages – un voyageur splénétique, au manque d'air – et un voyageur inquisiteur, pour appuyer ce système, pourrait mesurer la hauteur de leurs maisons – l'étroitesse de leurs rues, et le petit nombre de pieds carrés dans lesquels, aux sixième et septième étages, une si grande quantité de *bourgeoisie* mange et dort ensemble ; mais je me souviens que M. Shandy l'aîné, qui n'expliquait rien comme tout le monde, parlant un soir là-dessus, affirma qu'on pourrait faire atteindre aux enfants, comme à d'autres animaux, presque toute espèce de taille, pourvu qu'ils vinssent correctement au monde ; mais le malheur était que les citoyens de Paris étaient si entassés dans leurs cages, qu'ils n'avaient en réalité pas assez de place pour en avoir – ce n'est point ce que j'appelle avoir quelque chose, dit-il – c'est ne rien avoir – Et même, continua-t-il, s'échauffant dans son argument, c'est avoir pis que rien, quand tout ce que l'on a, après lui avoir prodigué pendant vingt ou vingt-cinq années les plus tendres soins et les aliments les plus nourrissants, n'est à la fin pas plus haut que ma jambe. Or M. Shandy est fort petit, si bien qu'on ne pouvait rien dire de plus sur ce sujet.

Comme je ne fais point ici un ouvrage de raisonnement, je laisse la solution telle que je l'ai trouvée, et me contente de l'exactitude de cette remarque, qui se vérifie dans chaque petite rue et ruelle de Paris. Je suivais celle qui mène du Carrousel au Palais-Royal, et remarquant un petit garçon en détresse au bord du ruisseau qui coulait au milieu, je lui pris la main, et je l'aidai à passer. En lui relevant le menton après cela, pour regarder sa figure, je m'aperçus qu'il avait environ quarante ans – Peu importe, dis-je alors ; quelque bonne âme en fera autant pour moi quand j'aurai quatre-vingt-dix ans.

Je sens au-dedans de moi quelques petits principes qui m'inclinent à la miséricorde envers cette partie malheureuse et rabougrie de notre espèce, qui n'est ni de taille ni de force à se pousser dans le monde – je ne puis souffrir d'en voir un seul foulé aux pieds ; et j'étais à peine assis à côté de mon vieil officier français, que ma répugnance fut éveillée par une scène de ce genre que je vis au-dessous de la loge où nous étions.

Au bout de l'orchestre, et avant la première loge de côté, il reste une petite esplanade où, quand la salle est pleine, un bon nombre de personnes de tous rangs trouvent refuge. Quoiqu'on y soit debout, comme au parterre, on paie le même prix qu'à l'orchestre. Un de ces pauvres êtres sans défense avait été jeté, de façon ou d'autre, dans ce misérable endroit – c'était une soirée trop chaude, et il était entouré de créatures qui le dépassaient de deux pieds. Le nain éprouvait de tous côtés des souffrances inexprimables ; mais ce qui l'incommodait le plus, c'était un grand et gros Allemand de près de sept pieds, qui se tenait précisément entre lui et le moindre aperçu de la scène ou des acteurs. Le pauvre nain faisait tout son possible pour entrevoir ce qui se passait, en cherchant quelque petite ouverture entre le bras et le corps de l'Allemand, essayant d'abord d'un côté, puis de l'autre ; mais l'Allemand se tenait carrément, dans la posture la moins accommodante qu'on puisse imaginer – le nain eût aussi bien pu se trouver au bas du puits le plus profond de Paris ; il leva donc poliment la main jusqu'à la manche de l'Allemand, et lui dit la gêne où il était – L'Allemand tourna la tête, le regarda de haut en bas comme Goliath regarda David – et reprit sa posture sans aucune compassion.

Je prenais en ce moment une pincée de tabac dans la petite boîte de corne de mon moine – Oh, mon cher moine ! comme, avec ton esprit doux et courtois, si habitué à *soutenir et à s'abstenir* – comme tu aurais aimablement prêté l'oreille à la plainte de cette pauvre créature !

Le vieil officier français, me voyant lever les yeux avec émotion comme je faisais cette apostrophe, prit la liberté de me demander ce qu'il y avait – je lui contai l'histoire en trois mots ; et j'ajoutai que c'était bien inhumain.

Le nain cependant avait été poussé à bout, et dans les premiers transports, qui en général sont déraisonnables, avait dit à l'Allemand qu'il lui couperait sa longue queue avec un couteau – L'Allemand regarda froidement en arrière, et lui dit qu'il était le bienvenu s'il pouvait y atteindre.

Une injustice aggravée par une insulte, quel qu'en soit l'objet, met tout homme de sentiment du parti de l'offensé : j'aurais bondi hors de la loge pour redresser celle-ci. – Le vieil officier français y réussit avec beaucoup moins de confusion ; car, se penchant un peu en avant, et faisant un signe de tête à une sentinelle, et lui montrant du doigt en même temps la détresse où se trouvait le nain – la sentinelle se fraya un passage jusque-là. – Il n'y avait pas lieu d'exposer le grief – la chose parlait d'elle-même ; repoussant donc aussitôt l'Allemand en arrière avec son fusil, il prit le pauvre nain par la main, et le plaça devant l'autre. – Voilà qui est noble, dis-je en battant des mains – Et pourtant, dit le vieil officier, vous ne souffririez point ceci en Angleterre.

— En Angleterre, cher monsieur, répondis-je, *nous sommes assis tout à notre aise.*

Le vieil officier français m'aurait réconcilié avec moi-même, au cas que j'eusse été brouillé, – en disant que c'était un *bon mot* – et comme un *bon mot* vaut toujours quelque chose à Paris, il m'offrit une prise de tabac.

La rose
Paris

Ce fut maintenant mon tour de demander au vieil officier français ce qu'il y avait, car le cri de « *Haussez les mains, monsieur l'Abbé* », qui résonnait depuis une douzaine de points différents du parterre, était aussi inintelligible pour moi que mon apostrophe au moine l'avait été pour lui.

Il me dit que c'était quelque pauvre abbé dans une des loges du haut qui, à ce qu'il supposait, s'était trouvé planté, *perdu*, derrière une couple de grisettes afin de voir l'opéra, et que le parterre, l'ayant découvert, insistait pour qu'il tînt ses deux mains en l'air pendant la représentation. – Et peut-on croire, dis-je, qu'un ecclésiastique veuille filouter les poches de ces grisettes ? Le vieil officier français sourit et, me chuchotant à l'oreille, m'ouvrit la porte d'un savoir dont je n'avais aucune idée –

Bon Dieu ! dis-je en pâlissant d'étonnement – est-il possible qu'un peuple qui raffole autant du sentiment soit à la fois si malpropre, si peu égal à lui-même – *Quelle grossièreté !* ajoutai-je.

L'officier français me dit que c'était un sarcasme peu généreux contre l'Église, qui avait commencé au théâtre vers l'époque où Molière y avait donné le *Tartuffe* – mais dont l'usage, comme d'autres restes des mœurs gothiques, déclinait – Toutes les nations, continua-t-il, ont leurs raffinements et leurs *grossièretés*, pour lesquels elles donnent et reçoivent tour à tour le ton les unes des autres – il avait été dans la plupart des pays, mais n'en avait pas vu un seul où il n'eût trouvé quelques délicatesses dont d'autres paraissaient manquer. *Le POUR, et le CONTRE se trouvent en chaque nation* ; il y a partout, dit-il, un équilibre du bon et du mauvais ; et il n'y a que la connaissance de cette vérité qui puisse émanciper une moitié de la terre des préventions qu'elle nourrit envers l'autre – l'avantage de voyager, en ce qui regardait le *savoir-vivre*, était de voir une grande quantité d'hommes et d'usages ; cela nous enseignait une tolérance mutuelle ; et la tolérance mutuelle, conclut-il en me faisant un salut, nous enseignait l'amour mutuel.

Le vieil officier français prononça tout cela d'un air de sincérité et de bon sens qui coïncidait avec mes premières impressions favorables de son caractère – je crus que j'aimais cet homme ; mais je crains de m'être trompé d'objet – c'était ma propre façon de penser – la différence était que je n'aurais pu l'exprimer moitié aussi bien.

Le cavalier et sa bête sont également ennuyés – si celle-ci va dressant l'oreille et tressaillant tout le long du chemin à chaque objet qu'elle n'a pas encore vu – j'ai aussi peu de cette espèce d'angoisse qu'aucune créature vivante ;

et pourtant, j'avoue honnêtement que bien des choses m'ont fait de la peine, et que bien des mots m'ont fait rougir le premier mois – que j'ai trouvés sans conséquence et parfaitement innocents dès le second.

Madame de Rambouillet, après une connaissance d'environ six semaines, m'avait fait l'honneur de me mener dans sa voiture à deux lieues de Paris – De toutes les femmes, madame de Rambouillet est la plus irréprochable ; et je ne souhaite jamais d'en voir une plus vertueuse et plus pure de cœur – À notre retour, madame de Rambouillet me pria de tirer le cordon – je lui demandai si elle avait besoin de quelque chose – *Rien que de pisser*, dit madame de Rambouillet –

Ne soyez pas fâché, voyageur délicat, de laisser p-sser madame de Rambouillet – Et vous, belles nymphes mystiques, allez chacune *cueillir votre rose*, et l'effeuiller sur vos pas – car madame de Rambouillet ne fit rien de plus – Je donnai la main à madame de Rambouillet pour descendre de voiture ; et quand j'aurais été le prêtre de la chaste CASTALIE, je n'eusse point desservi sa fontaine avec une décence plus respectueuse.

FIN DU PREMIER VOLUME

VOLUME II

La fille de chambre
Paris

Le discours du vieil officier français sur les voyages m'ayant remis en tête les conseils de Polonius à son fils sur le même sujet – et cela me faisant penser à Hamlet – et Hamlet, au reste des ouvrages de Shakespeare, je m'arrêtai sur le quai de Conti en rentrant chez moi, pour en acheter toute la collection.

Le libraire me dit qu'il n'en avait pas un seul exemplaire au monde – *Comment!* dis-je, prenant un volume dans une collection qui était sur le comptoir entre nous. – Il répondit qu'on le lui avait envoyé simplement pour le faire relier, et qu'il devait le retourner dans la matinée à Versailles, au comte de B****.

— Et est-ce que le comte de B****, dis-je, lit Shakespeare? *C'est un esprit fort*, repartit le libraire. – Il aime les livres anglais; et ce qui est plus à son honneur, monsieur, il aime aussi les Anglais. Vous dites cela si poliment, répondis-je, que c'est assez pour obliger un Anglais à dépenser un ou deux louis d'or dans votre boutique

– le libraire fit un salut, et allait dire quelque chose, lorsqu'une jeune fille d'environ vingt ans, à la mine décente, qui d'après son air et sa mise paraissait la *fille de chambre* de quelque dévote de qualité, entra dans la boutique et demanda *Les Égarements du cœur et de l'esprit* : le libraire lui donna le livre sur-le-champ ; elle tira une petite bourse de satin vert entourée d'un ruban de la même couleur, et y mettant l'index et le pouce, elle y prit l'argent et paya son achat. Comme rien ne me retenait plus dans la boutique, nous passâmes la porte ensemble.

— Et qu'avez-vous à faire, ma chère, lui demandai-je, des *Égarements du cœur*, vous qui savez à peine encore que vous en avez un? et qui ne pourrez en être sûre jusqu'à ce que l'amour vous l'ait dit d'abord, ou que quelque berger sans foi l'ait fait souffrir? – *Dieu m'en garde!* dit la fille. – Tu as raison, dis-je – car si c'en est un bon, il serait dommage qu'on le volât : il t'est comme un petit trésor, et il donne à ton visage un meilleur air que s'il était paré de perles.

La jeune fille écoutait avec une attention soumise, tenant tout le temps à la main sa petite bourse de satin par le ruban – C'en est une bien petite, dis-je en la saisissant par le fond – elle me la tendit – et il y a bien peu dedans, ma chère, dis-je ; mais sois seulement aussi bonne que tu es belle, et le ciel la remplira : j'avais pris à la main une poignée d'écus pour acheter

Shakespeare ; comme elle avait tout à fait lâché la bourse, j'en mis un dedans ; et faisant une rosette avec le ruban, je la lui rendis.

La jeune fille me fit une révérence qui était plus humble que basse – c'était un de ces affaissements paisibles et reconnaissants où l'esprit s'incline de lui-même – le corps ne fait rien d'autre que l'exprimer. Jamais de ma vie je n'ai donné un écu à une fille avec la moitié de ce plaisir.

Mes avis, ma chère, n'auraient pas valu un clou pour vous, dis-je, si je ne vous avais donné ceci avec ; mais maintenant, lorsque vous verrez cet écu, vous vous les rappellerez – ainsi, ma chère, n'allez point le dépenser en rubans.

Sur ma parole, monsieur, j'en suis incapable – dit la fille d'un air pénétré, en me donnant la main comme c'est l'usage dans ces petits marchés d'honneur – *En vérité, monsieur, je mettrai cet argent à part*, dit-elle.

Lorsqu'une convention vertueuse se fait entre un homme et une femme, elle sanctifie leurs démarches les plus secrètes : aussi, quoiqu'il fît sombre, et comme nous allions tous deux du même côté, nous n'eûmes aucun scrupule de marcher ensemble le long du quai de Conti.

Elle me fit une seconde révérence en se mettant en route, et avant que nous fussions à trente pas de la porte, comme si ce n'était point encore assez, elle fit une sorte de petite halte pour me redire – qu'elle me remerciait.

C'était un petit tribut, lui dis-je, que je n'ai pu m'empêcher de payer à la vertu, et je ne voudrais pour rien au monde m'être mépris sur la personne à qui je l'ai rendu – mais je vois, ma chère, l'innocence sur votre figure – et malheur à celui qui tendra jamais un piège sur son chemin !

La fille, d'une façon ou d'une autre, parut affectée de ce que je lui disais – elle poussa un soupir étouffé – je sentis que je n'étais nullement autorisé à lui en demander la cause – et ne dis donc rien de plus jusqu'au coin de la rue de Nevers, où nous devions nous séparer.

— Mais, ma chère, dis-je, est-ce là le chemin de l'hôtel de Modène? elle me dit que oui – ou que je pouvais prendre la rue Guénégaud, qui était la première. – Alors, ma chère, je vais aller, dis-je, par la rue Guénégaud, pour deux raisons : d'abord je me ferai plaisir, et ensuite ma compagnie vous servira de protection dans votre route, aussi loin que je pourrai. La fille sentit ma politesse – et dit qu'elle eût souhaité que l'hôtel de Modène fût dans la rue des Saints-Pères – Vous y demeurez? dis-je. – Elle me répondit qu'elle était *fille de chambre* chez madame R**** – Bon Dieu ! m'écriai-je, c'est précisément la dame pour qui j'ai apporté une lettre d'Amiens – La fille me dit que madame R****, à ce qu'elle croyait, attendait un étranger avec une lettre, et était impatiente de le voir – je priai donc la fille de présenter mes compliments à madame R****, et de lui dire que j'irais certainement lui présenter mes respects dans la matinée.

Nous nous tenions immobiles au coin de la rue de Nevers pendant ce dialogue – Nous nous arrêtâmes encore un moment, tandis qu'elle disposait de ses *Égarements du cœur*, etc. d'une manière plus commode que de les porter à la main – ils étaient en deux volumes : je lui tins le second pendant qu'elle mettait le premier dans sa poche, et puis elle tint sa poche, et j'y mis l'autre par-dessus.

Il est doux de sentir par quels fils délicats nos affections sont attirées les unes vers les autres.

Nous nous remîmes en marche, et, au troisième pas, la fille passa la main dans mon bras – j'allais l'y engager – mais elle le fit d'elle-même avec une simplicité et une spontanéité qui montraient que l'idée qu'elle ne m'avait jamais vu auparavant lui était sortie de la tête. Pour ma part, je sentais une conviction si forte de notre consanguinité, que je ne pouvais m'empêcher de me tourner à demi pour regarder sa figure, et voir si j'y découvrais quelque trace d'une ressemblance de famille – Allons ! dis-je, ne sommes-nous pas tous parents ?

Quand nous arrivâmes au détour de la rue Guénégaud, je m'arrêtai afin de lui dire adieu pour tout de bon ; la fille voulut me remercier à nouveau de ma compagnie et de ma bonté – elle me dit deux fois adieu – j'en fis autant de mon côté ; et notre séparation fut si cordiale qu'eût-elle eu lieu partout ailleurs, je ne suis pas sûr que je ne l'aurais pas scellée d'un baiser de charité, aussi ardent et aussi saint que celui d'un apôtre.

Mais à Paris, comme il n'y a que les hommes qui s'embrassent – je fis ce qui revenait au même –

— Je priai Dieu de la bénir.

LE PASSEPORT
PARIS

Quand je revins à mon hôtel, La Fleur me dit que le lieutenant de police avait fait demander après moi – Au diantre ! dis-je – j'en sais la raison. Il est temps que le lecteur la sache, car dans l'ordre naturel où le fait est arrivé, il a été omis ; non qu'il me fût sorti de la tête ; mais parce que si je l'avais mentionné alors, on pourrait l'avoir oublié à cette heure – et c'est à cette heure que j'en ai besoin.

J'avais quitté Londres avec tant de précipitation, qu'il ne m'était pas venu un instant à l'esprit que nous étions en guerre avec la France ; et j'avais atteint Douvres, et regardé à la lunette les collines au-delà de Boulogne, avant que cette idée ne se présentât ; et celle-ci à sa suite, qu'il n'y avait pas moyen d'aller là-bas sans passeport. Que j'aille seulement au bout de la rue, j'ai une répugnance mortelle à n'en pas revenir plus avancé que je ne suis parti ; et comme c'était un des plus grands efforts que j'eusse jamais faits pour m'instruire, je pouvais d'autant moins endurer cette pensée ; apprenant donc que le comte de **** avait loué le paquebot, je le priai de bien vouloir me prendre dans sa *suite*. Le comte me connaissait tant soit peu, de sorte qu'il ne fit guère ou point de difficulté – mais il dit que son inclination à me rendre service ne pouvait s'étendre plus loin que Calais, attendu qu'il devait retourner à Paris par la route de Bruxelles ; que, cependant, une fois passé là, je pourrais gagner Paris sans obstacle, mais qu'à Paris il faudrait me faire des amis, et me tirer d'affaire. – Que j'arrive seulement à Paris, monsieur le comte, dis-je, et tout ira très bien. Je m'embarquai donc, et n'accordai plus la moindre pensée à tout cela.

Quand La Fleur me dit que le lieutenant de police s'était enquis de moi – la chose me revint à l'instant – et lorsque La Fleur m'eut tout bien conté, l'hôtelier entra dans ma chambre pour me dire la même chose, en y ajoutant qu'on avait particulièrement demandé mon passeport : il conclut en disant qu'il espérait que j'en avais un. – Moi ? non, ma foi ! dis-je.

À cette déclaration, l'hôtelier se recula de moi de trois pas, comme d'un pestiféré – et le pauvre La Fleur avança de trois pas vers moi, de cette sorte de mouvement que fait une bonne âme pour secourir une créature en détresse – le garçon gagna mon cœur par ce geste ; et à ce seul *trait*, je connus aussi parfaitement son caractère, et j'aurais compté aussi fermement dessus, que s'il m'eût servi avec fidélité depuis sept ans.

Monseigneur ! s'écria l'hôtelier – mais se reprenant comme il faisait cette exclamation, il changea aussitôt de ton – Si monsieur, dit-il, n'a pas de passeport (*apparemment*), très vraisemblablement il a à Paris des amis qui peuvent lui en procurer un. – Pas que je sache, dis-je avec un air d'indifférence. – Alors, *certes*, répliqua-t-il, on vous enverra à la Bastille ou au Châtelet, *au moins*. Peuh ! dis-je, le roi de France a l'âme bienveillante – il ne veut faire de mal à personne. – *Cela n'empêche pas*, dit-il ; on vous enverra certainement à la Bastille demain matin. – Mais j'ai pris mon logement chez vous pour un mois, répondis-je, et je n'en partirai pas un jour avant le terme pour tous les rois de France du monde. La Fleur me chuchota dans l'oreille que nul ne pouvait s'opposer au roi de France.

Pardi ! fit mon hôte, *ces messieurs anglais sont des gens très extraordinaires* – et l'ayant à la fois dit et juré – il sortit.

LE PASSEPORT
L'hôtel, à Paris

Je n'avais pas le cœur de tourmenter La Fleur en considérant sérieusement le sujet de mon embarras, c'était la raison pour laquelle j'avais traité la chose si cavalièrement : pour lui montrer combien peu elle me pesait à l'esprit, j'abandonnai le sujet tout à fait ; et à souper, tandis qu'il me servait, je lui parlai avec plus de gaieté qu'à l'ordinaire de Paris, et de l'Opéra-comique. – La Fleur y avait été aussi, et m'avait suivi par les rues jusqu'à la boutique du libraire ; mais voyant que j'en sortais avec la jeune *fille de chambre*, et que nous marchions ensemble le long du quai de Conti, La Fleur n'avait pas jugé nécessaire de me suivre un pas de plus – si bien que faisant ses réflexions là-dessus, il avait pris un chemin plus court – et regagné l'hôtel à temps pour être informé de l'affaire de la police avant mon arrivée.

Aussitôt que l'honnête créature eut desservi, et fut descendue souper à son tour, je commençai de songer un peu plus sérieusement à ma situation. –

— Et ici, je le sais, Eugénius, tu souriras au souvenir d'un court dialogue qui eut lieu entre nous au moment où j'allais me mettre en route – il faut que je le rapporte ici.

Eugénius, me sachant aussi peu sujet à être accablé d'argent que de réflexion, m'avait pris à part pour me demander à combien s'était montée ma prévoyance ; quand je lui eus dit la somme exacte, Eugénius secoua la tête, et répondit qu'elle ne suffirait pas ; il tira donc sa bourse pour la vider dans la mienne. – J'ai assez, en conscience, Eugénius, dis-je. – Vraiment, Yorick, vous vous trompez, répliqua Eugénius – je connais la France et l'Italie mieux que vous. – Mais vous ne réfléchissez pas, Eugénius, dis-je en refusant son offre, qu'avant que j'aie été trois jours à Paris, j'aurai soin de dire ou de faire une chose ou une autre pour laquelle on me coffrera à la Bastille, et que j'y vivrai une couple de mois entièrement aux frais du roi de France. – Je vous demande pardon, dit sèchement Eugénius : réellement j'avais oublié cette ressource.

Or l'événement que j'avais traité gaiement venait sérieusement frapper à ma porte.

Est-ce folie, nonchalance, philosophie, entêtement ? – qu'y a-t-il donc en moi pour que, après tout, une fois La Fleur descendu et moi tout à fait seul, je n'aie pu amener mon esprit à y penser autrement que je n'en avais alors parlé à Eugénius ?

— Et quant à la Bastille ! la terreur est dans le mot – Grossissez la chose autant que vous pouvez, me dis-je, la Bastille n'est qu'un autre mot pour une tour – et une tour n'est qu'un autre mot pour une maison dont on ne peut sortir – Dieu ait pitié des goutteux ! car ils y sont deux fois l'an – mais avec neuf livres par jour, une plume, de l'encre, du papier, et de la patience, si un homme n'en peut sortir, il peut se trouver très bien dedans – du moins pour un mois ou pour six semaines; au bout de quoi, si c'est un brave garçon, son innocence paraît, et il en sort meilleur et plus sage qu'il n'y était entré.

J'eus quelque occasion (j'ai oublié laquelle) d'aller dans la cour, pendant que je résolvais ce point, et je me souviens qu'en descendant l'escalier la bonne opinion que j'avais de mon raisonnement me faisait passablement triompher – Maudite soit la palette *sombre* – fanfaronnais-je – car je n'envie point ce pouvoir de donner aux maux de l'existence un coloris si dur et si livide. L'esprit demeure terrifié à la vue des objets qu'il a lui-même magnifiés et noircis : ramenez-les à leurs vraies teintes et dimensions, il les ignore – Il est vrai, dis-je en corrigeant la proposition – la Bastille n'est pas un mal dont on puisse faire fi – mais dépouillez-la de ses tours – comblez le fossé – débarricadez les portes – appelez-la simplement une retraite forcée, et supposez que c'est la tyrannie de quelque désordre – et non d'un homme, qui vous y retient – le mal disparaît, et vous supportez le reste sans vous plaindre.

Je fus interrompu, au plus fort de ce soliloque, par une voix que je pris pour celle d'un enfant, et qui se plaignait « qu'elle ne pouvait sortir ». – Je regardai d'un bout à l'autre du corridor, et ne voyant ni homme, ni femme, ni enfant, je sortis sans plus y faire attention.

Quand je repassai par le corridor, j'entendis répéter deux fois les mêmes paroles ; et, levant les yeux, je vis que c'était un sansonnet dans une petite cage. – « Je ne puis sortir – je ne puis sortir », disait le sansonnet.

Je restai à regarder l'oiseau : à chaque personne qui passait dans le corridor, il courait en battant des ailes du côté où elle approchait, avec la même lamentation sur sa captivité – « Je ne puis sortir », disait le sansonnet – Dieu te vienne en aide ! dis-je, mais je te ferai sortir, coûte que coûte ; je retournai donc la cage pour en trouver la porte ; elle était fixée et entortillée avec du fil de fer, si solidement qu'il n'y avait pas moyen de l'ouvrir sans mettre la cage en pièces – je m'y pris des deux mains.

L'oiseau vola vers l'endroit où je travaillais à sa délivrance et, passant sa tête à travers le grillage, le pressa de la poitrine, comme pris d'impatience – Je crains, pauvre créature, dis-je, de ne pouvoir te mettre en liberté – « Non, dit le sansonnet – je ne puis sortir – je ne puis sortir. »

Je proteste que jamais mes émotions ne furent plus tendrement éveillées ; et je ne me rappelle pas dans ma vie un incident où les esprits dissipés qui se jouaient de ma raison comme d'une bulle, aient été si soudainement rappelés au logis. Quelque mécaniques que fussent ces notes, elles s'harmonisaient à la nature avec tant de vérité, qu'en un moment elles eurent renversé tous mes raisonnements systématiques sur la Bastille; et je montai pesamment l'escalier, rétractant chacune des paroles que j'avais proférées en le descendant.

Déguise-toi comme tu voudras, esclavage! tu seras toujours un breuvage amer; et quoique dans tous les siècles des milliers d'hommes aient été forcés de boire à ta coupe, tu n'en es pas moins amer pour cela – c'est toi, déesse trois fois douce et gracieuse, dis-je en m'adressant à la LIBERTÉ, que tous adorent en public ou en privé, toi dont le goût réjouit le palais, et le réjouira toujours jusqu'à ce que la NATURE elle-même ait changé – aucune *teinture* de paroles ne peut souiller ton manteau neigeux, ni aucune puissance chimique changer ton sceptre en fer – avec toi pour lui sourire tandis qu'il mange sa croûte, le berger est plus heureux que son monarque, de la cour duquel tu es exilée – Juste ciel! m'écriai-je en m'agenouillant sur l'avant-dernière marche de la montée – accorde-moi seulement la santé, toi, son grand dispensateur, et donne-moi cette belle déesse pour compagne – et fais pleuvoir tes mitres, si bon semble à ta divine providence, sur ces têtes qui en sèchent d'envie.

Le captif
Paris

L'oiseau en cage me poursuivit dans ma chambre : je m'assis près de la table, et, appuyant ma tête sur ma main, je me mis à me représenter les misères de l'emprisonnement. J'étais dans une disposition favorable, je donnai donc un plein essor à mon imagination.

J'allais commencer par les millions de mes semblables qui sont nés sans autre patrimoine que l'esclavage ; mais voyant, combien touchant que fût le tableau, que je ne pouvais me le représenter de près, et que la multitude de tristes groupes qu'il contenait ne faisait que me distraire –

— Je pris un seul captif, et l'ayant d'abord enfermé dans son cachot, je regardai ensuite par le demi-jour de sa porte grillée pour faire son portrait.

Je contemplai son corps ravagé par une longue attente et par la réclusion, et je sentis ce que c'est que cette maladie du cœur qui naît de l'espoir différé. En regardant de plus près, je le vis pâle et fiévreux : en trente ans la brise de l'ouest n'avait pas rafraîchi son sang une seule fois – il n'avait vu ni soleil ni lune de tout ce temps – pas un ami, pas un parent dont les soupirs eussent passé ses barreaux – ses enfants –

— Mais ici mon cœur commença de saigner – et je fus contraint de m'occuper d'une autre partie du portrait.

Il était, dans le fond de son cachot, assis à terre sur un peu de paille, qui lui servait alternativement de chaise et de lit ; au chevet était placé un petit calendrier fait de menus bâtons tout recouverts d'entailles en souvenir des jours et des nuits lugubres qu'il avait passés là – il avait l'un de ces petits bâtons à la main, et d'un clou rouillé y gravait, pour l'ajouter à cette masse, encore un autre jour de misère. Comme j'obscurcissais le peu de lumière qu'il avait, il leva vers la porte un regard sans espérance, puis le baissa – secoua la tête, et reprit son œuvre d'affliction. J'entendis le bruit de ses chaînes sur ses jambes comme il se tournait pour mettre son petit bâton sur le tas – Il poussa un profond soupir – je vis le fer entrer dans son âme – je fondis en larmes – je ne pouvais soutenir la vue de cette prison que mon imagination venait de peindre – je me levai de ma chaise en sursaut, et, appelant La Fleur, je lui dis de me commander un *remise*, et de l'avoir prêt à la porte de l'hôtel à neuf heures du matin.

— J'irai moi-même, dis-je, droit à monsieur le duc de Choiseul.

La Fleur aurait voulu me mettre au lit ; mais ne me souciant pas que l'honnête garçon vît rien sur ma joue qui pût coûter une souffrance à son cœur – je lui dis que je me mettrais au lit tout seul – et je l'invitai à en faire autant.

Le sansonnet
La route de Versailles

J'entrai dans mon *remise* à l'heure que je m'étais proposé ; La Fleur monta derrière, et j'enjoignis au cocher d'aller à Versailles le plus vite qu'il pouvait.

Comme il n'y avait rien sur cette route, ou du moins rien de ce que je cherche en voyageant, je ne puis mieux remplir le vide qu'en donnant une brève histoire de ce même oiseau qui est devenu le sujet du dernier chapitre.

Tandis que l'honorable M.**** attendait à Douvres un vent favorable, un jeune garçon anglais qu'il avait pour groom avait attrapé l'oiseau sur les falaises, alors qu'il ne savait pas encore bien voler; ne voulant point le tuer, il l'avait pris dans son sein sur le paquebot – où, à force de le nourrir, et l'ayant une fois placé sous sa protection, il s'y attacha en un jour ou deux, et l'amena sain et sauf à Paris.

À Paris, ce garçon avait mis une livre dans une petite cage pour le sansonnet, et comme il n'avait guère mieux à faire pendant les cinq mois que son maître y resta, il lui enseigna dans sa langue maternelle les quatre mots – (et pas davantage) – auxquels je me reconnaissais si fort redevable.

Au départ de son maître pour l'Italie – le garçon l'avait donné à l'hôtelier – Mais son petit chant pour la liberté étant dans une langue *inconnue* à Paris – on fit peu ou point cas de l'oiseau – si bien que La Fleur l'acheta pour moi, avec sa cage, moyennant une bouteille de bourgogne.

À mon retour d'Italie, je le rapportai au pays dans la langue duquel il avait appris son ramage – et ayant raconté son histoire à lord A – lord A me pria de lui donner l'oiseau – au bout d'une semaine lord A le donna à lord B – lord B en fit présent à lord C – et le valet de lord C le vendit à celui de lord D pour un shilling – lord D le donna à lord E – et ainsi de suite – jusqu'à la moitié de l'alphabet – De ce rang, il passa dans la chambre basse, et par les mains d'autant de membres des Communes – mais comme tous ceux-ci voulaient *s'introduire* – et que mon oiseau voulait *sortir* – on fit presque aussi peu cas de lui à Londres qu'à Paris.

Il est impossible que nombre de mes lecteurs n'aient pas entendu parler de lui ; et s'il en est, par hasard, qui l'aient vu – qu'on me permette de les informer que cet oiseau était mon oiseau – ou quelque vile copie fabriquée à son image.

Je n'ai rien de plus à ajouter le concernant, sinon que, depuis cette époque, j'ai porté ce pauvre sansonnet en cimier dans mes armoiries. – Comme cela :

— Et que les hérauts d'armes lui tordent le cou s'ils l'osent.

La requête
Versailles

Je n'aimerais pas laisser voir à mon ennemi l'état de mon esprit, quand je vais demander la protection d'un homme quel qu'il soit : c'est pourquoi je tâche, en général, de me protéger moi-même; mais cette visite à monsieur le duc de C***** était un acte de nécessité – eût-ce été un acte de choix, je m'en serais acquitté, je suppose, tout comme un autre.

Que de plans ignobles de basse sollicitation mon cœur servile n'a-t-il formés le long de la route! Je méritais la Bastille pour chacun d'entre eux.

Puis, quand je fus en vue de Versailles, je n'eus d'autre affaire que d'assembler des mots et des phrases, et de concevoir des attitudes et des tons de voix qui pussent m'insinuer dans les bonnes grâces de M. le duc de C***** – Cela ira bien – dis-je – Tout autant, rétorquai-je, qu'un habit que lui apporterait un tailleur aventureux, sans avoir pris sa mesure – Sot! continuai-je – voyez d'abord la figure de monsieur le duc – observez quel caractère y est imprimé – remarquez dans quelle posture il vous écoute – notez la tournure et l'expression de son corps et de ses membres – Et quant au ton – le premier son qui sortira de ses lèvres vous le donnera; et de tout cela réuni, vous composerez à l'instant, sur place, une allocution qui ne saurait dégoûter monsieur le duc – les ingrédients seront les siens, et il y a toute apparence qu'ils passeront.

Ma foi! dis-je, je voudrais que ce fût bien fini – Encore poltron! comme si d'homme à homme on n'était pas égal sur toute la surface du globe; et si on l'est sur le terrain – pourquoi pas aussi face à face dans le cabinet? Et crois-moi, Yorick, toutes les fois qu'il n'en est point ainsi, l'homme est un traître envers lui-même, qui dément ses propres ressources dix fois sur une que la nature lui fait défaut. Présente-toi au duc de C***** avec la Bastille dans le regard – Je gage ma tête que tu seras renvoyé à Paris sous bonne escorte en une demi-heure.

Je le crois, dis-je – Alors je me présenterai au duc, par le ciel, avec toute la gaieté et tout le bon air du monde. –

— Et voilà que vous vous trompez encore, repartis-je – Un cœur tranquille, Yorick, ne se jette dans aucun extrême – il se repose toujours sur son centre. – Bon, bon ! m'écriai-je comme le cocher tournait pour franchir la grille – je vois que je m'en tirerai très bien ; et lorsqu'il eut fait le tour de la cour, et qu'il m'eut amené devant la porte, je me trouvais tellement mieux de ma leçon, que je ne gravis les marches ni comme une victime de la justice qui allait prendre congé de la vie sur la dernière montée, – ni en un saut et deux enjambées comme je fais quand je vole vers toi, Éliza, pour la retrouver.

Comme j'entrai dans le salon, je fus abordé par une personne qui aurait pu être le maître d'hôtel, mais qui avait plutôt l'air d'un des sous-secrétaires, et qui me dit que le duc de C***** était occupé – Je suis entièrement ignorant, dis-je, des formes d'obtenir une audience, étant étranger sous tous les rapports, et, ce qui est pis dans la conjoncture présente des affaires, Anglais de surcroît. – Il répondit que cela n'augmentait point la difficulté. – Je lui fis un léger salut, et lui dis que j'avais une chose d'importance à dire à monsieur le duc. Le secrétaire regarda du côté de l'escalier, comme s'il allait me quitter pour monter cette nouvelle à quelqu'un – Mais il ne faut pas que je vous égare, repris-je – car ce que j'ai à dire n'est d'aucune espèce d'importance pour monsieur le duc de C***** – mais d'une grande importance pour moi. – *C'est une autre affaire*, répondit-il – Point du tout, dis-je, pour un galant homme. – Mais je vous prie, mon bon monsieur, continuai-je, quand un étranger peut-il espérer avoir *accès*? Pas avant deux heures, dit-il en regardant sa montre. Le nombre d'équipages qui étaient dans la cour semblait justifier le calcul qui m'ôtait toute perspective plus rapprochée – et comme il était pour l'heure aussi pénible de se promener de long en large dans le salon, sans une âme avec laquelle communier, que d'être à la Bastille même, je retournai aussitôt à mon *remise*, et ordonnai au cocher de me conduire au *Cordon Bleu*, qui était l'hôtel le plus voisin.

Je crois qu'il y a de la fatalité là-dedans – je vais rarement à l'endroit pour lequel je me mets en route.

LE PÂTISSIER
VERSAILLES

Je n'étais pas à mi-chemin de la rue que je changeai d'avis : puisque je suis à Versailles, pensai-je, je pourrais aussi bien jeter un œil sur la ville ; je tirai donc le cordon, et commandai au cocher de faire un tour par quelques-unes des rues principales – Je suppose que la ville n'est pas très grande, dis-je. – Le cocher me demanda pardon de me redresser, et me dit qu'elle était fort superbe, et qu'une quantité des premiers ducs, marquis et comtes y avaient des hôtels – Le comte de B****, dont le libraire du quai de Conti avait parlé si avantageusement la veille au soir, me vint aussitôt à l'esprit. – Et pourquoi, pensai-je, n'irais-je pas trouver le comte de B****, qui a une si haute idée des livres anglais, et des Anglais eux-mêmes, et lui raconter mon histoire ? je changeai donc d'avis une seconde fois – En vérité, c'était la troisième ; car j'avais pensé, dans la rue des Saints-Pères, réserver ce jour à madame de R****, et je lui avais religieusement fait dire par sa *fille de chambre* que j'irais la voir sans faute – mais je suis gouverné par les circonstances – je ne puis les gouverner ; voyant donc un homme qui se tenait avec une corbeille de l'autre côté de la rue, comme s'il avait quelque chose à vendre, je dis à La Fleur d'aller vers lui et de s'enquérir de l'hôtel du comte.

La Fleur revint un peu pâle, et me dit que c'était un chevalier de Saint-Louis qui vendait des *pâtés* – C'est impossible, La Fleur ! dis-je. – La Fleur ne pouvait expliquer ce phénomène plus que moi ; mais il persista dans son histoire : il avait vu la croix montée en or, avec le ruban rouge, dit-il, attaché à sa boutonnière – et il avait regardé dans la corbeille et vu les *pâtés* que vendait le chevalier ; de sorte qu'il ne pouvait s'y être mépris.

Pareil revers dans la vie d'un homme éveille un principe plus noble que la curiosité ; je ne pus m'empêcher de le regarder quelque temps comme j'étais assis dans le *remise* – plus je le regardais – lui, sa croix et sa corbeille, et plus étroitement ils s'entrelaçaient à ma cervelle – je descendis de mon *remise* et m'avançai vers lui.

Il était ceint d'un tablier de lin fort net qui lui tombait au-dessous des genoux, et remontait au milieu de la poitrine en une sorte de bavette ; au-dessus de cette bavette, mais un peu plus bas que l'ourlet, était suspendue sa croix. Sa corbeille de *pâtés* était recouverte d'une serviette blanche damassée ; une autre de même sorte était étendue au fond ; et il y avait un tel air de *propreté* et de soin dans tout cela, qu'on aurait pu lui acheter ses *pâtés* par appétit, autant que par sentiment.

Il n'en faisait offre ni à l'un ni à l'autre ; mais il se tenait immobile au coin d'un hôtel, pour que les achetât qui voulût, sans sollicitation.

Il avait environ quarante-huit ans – un air rassis, approchant quelque peu la gravité. Je ne m'en étonnai point. – J'allai à la corbeille plutôt qu'à lui et, ayant soulevé la serviette et pris un de ses *pâtés* dans la main – je le priai de bien vouloir expliquer cette apparence qui m'affectait.

Il me dit, en quelques mots, que la meilleure partie de sa vie s'était passée au service, où, après avoir dépensé un petit patrimoine, il avait obtenu une compagnie, et la croix avec ; mais qu'à la conclusion de la dernière paix, son régiment ayant été réformé, et tout le corps, avec ceux de quelques autres régiments, laissé sans la moindre ressource – il s'était trouvé dans le vaste monde sans amis, sans une livre – et au vrai, dit-il, sans rien d'autre que ceci – (montrant sa croix comme il parlait) – Le pauvre chevalier avait gagné ma pitié, et il conclut la scène en gagnant aussi mon estime.

Le roi, dit-il, était le plus généreux des princes, mais sa générosité ne pouvait ni secourir ni récompenser tout le monde, et seule sa malchance l'avait exclu du nombre des élus. Il avait une petite femme, dit-il, qu'il aimait, et qui faisait la *pâtisserie* ; et il ajouta qu'il ne sentait point de déshonneur à la défendre et à se défendre du besoin, de cette manière – sinon dans le cas que la Providence lui en eût offert une meilleure.

Il serait pervers de priver les âmes bonnes d'un plaisir, en omettant ce qui arriva, quelque neuf mois plus tard, à ce pauvre chevalier de Saint-Louis.

Il paraît qu'il se tenait habituellement près des portes de fer forgé qui mènent au palais, et comme sa croix avait attiré bien des regards, bien des gens avaient pris les mêmes informations que moi – Il leur avait raconté la même histoire, et toujours avec tant de modestie et de bon sens, qu'à la fin elle était parvenue aux oreilles du roi – qui, apprenant que le *pâtissier* avait été un officier vaillant, et respecté de tout le régiment comme un homme d'honneur et de probité – il mit fin à son petit commerce par une pension annuelle de quinze cents livres.

Comme j'ai rapporté ce fait pour la satisfaction du lecteur, je le prie de m'en laisser relater un autre, quoique ce ne soit pas ici sa place, pour ma satisfaction à moi – les deux histoires jettent du jour l'une sur l'autre, – et ce serait pitié de les séparer.

L'ÉPÉE
RENNES

Quand les États et les empires ont leurs périodes de déclin, et éprouvent à leur tour ce que c'est que la détresse et la pauvreté – je ne m'arrêterai pas à dire les causes qui avaient graduellement mené la maison d'E****, en Bretagne, à sa décadence. Le marquis d'E**** avait lutté contre sa situation avec une grande fermeté, désireux de préserver, et de montrer encore au monde quelques petits vestiges de ce qu'avaient été ses ancêtres – leurs extravagances lui en avaient ôté le pouvoir. Il restait assez pour les petites exigences de l'*obscurité* – mais il avait deux garçons qui attendaient de lui le *grand jour* – il les en croyait dignes. Il avait essayé de son épée – elle n'avait pu lui ouvrir la route – la *monture* coûtait trop cher – et la seule économie n'y pouvait suffire – il n'y avait pas d'autre ressource que le commerce.

Dans toute autre province de France que la Bretagne, c'eût été couper à jamais la racine de l'arbrisseau que son orgueil et son affection souhaitaient voir refleurir – Mais en Bretagne il existait un droit à cet effet, et il s'en prévalut ; et prenant occasion de ce que les états se réunissaient à Rennes, le marquis, accompagné de ses deux garçons, parut devant l'assemblée ; et, ayant invoqué le bénéfice d'une antique loi de ce duché qui, dit-il, quoique rarement revendiqué, n'en était pas moins en vigueur, il détacha l'épée de son côté – Tenez – dit-il – prenez-la ; et soyez-lui des gardiens fidèles, jusqu'à ce que des temps meilleurs me mettent en état de la réclamer.

Le président accepta l'épée du marquis – il resta quelques minutes pour la voir déposer dans les archives de sa maison – et partit.

Le marquis s'embarqua le lendemain avec toute sa famille pour la Martinique, et après quelque dix-neuf ou vingt ans d'une heureuse application aux affaires, jointe à quelques legs inattendus venus de branches éloignées de la maison – rentra chez lui pour réclamer sa noblesse et la soutenir.

Ce fut par l'un de ces coups de bonne fortune qui n'arrive jamais qu'à un voyageur sentimental, que je me trouvai à Rennes précisément à l'époque de cette solennelle réquisition ; je l'appelle solennelle – elle le fut pour moi.

Le marquis parut devant l'assemblée avec toute sa famille ; il donnait le bras à sa dame – son fils aîné donnait le bras à sa sœur, et le cadet marchait à l'autre bout, près de sa mère – il porta deux fois son mouchoir à sa figure –

— Il se fit un silence mortel. Quand le marquis se fut approché à une douzaine de pieds du tribunal, il donna la marquise à son cadet, et faisant trois pas en avant de sa famille – il réclama son épée. Son épée lui fut rendue, et dès qu'il l'eut dans la main, il la tira presque entièrement de son fourreau – c'était le visage radieux d'un ami qu'il avait jadis cru devoir perdre – il la regarda attentivement dans toute sa longueur, en commençant par la garde, comme pour voir si c'était la même épée – lorsque, observant un peu de rouille qu'elle avait contracté près de la pointe, il l'approcha de son œil, et penchant la tête au-dessus – je crois que je vis une larme tomber à cet endroit ; je n'ai pu me tromper sur ce qui suivit.

« Je trouverai, dit-il, quelque *autre moyen* de l'enlever. »

Sur ces mots, le marquis remit l'épée dans son fourreau, salua ceux qui en avaient été les dépositaires – et, suivi de sa femme, de sa fille et de ses deux fils, il sortit.

Oh ! comme je lui enviai ses sentiments !

Le passeport
Versailles

Je n'eus aucune difficulté à être admis chez monsieur le comte de B****. L'exemplaire de Shakespeare était sur la table, et il le feuilletait au hasard. Je m'approchai de la table et, jetant d'abord un coup d'œil sur les livres qui lui fît entendre que je les connaissais – je lui dis que j'étais venu sans personne pour me présenter, sachant que je trouverais dans ses appartements un ami qui, je l'espérais, me rendrait ce service – je parle de mon compatriote, le grand Shakespeare, dis-je en désignant ses œuvres – *et ayez la bonté, mon cher ami*, ajoutai-je en apostrophant son esprit, *de me faire cet honneur-là*. –

Le comte sourit de la singularité de cette introduction ; et voyant que j'avais l'air un peu pâle et malade, insista pour que je prisse un fauteuil : je m'assis donc ; et pour lui épargner les conjectures sur une visite si en dehors de toutes les règles, je lui contai simplement ce qui m'était arrivé dans la boutique du libraire, et comment cela m'avait engagé à venir lui confier, plutôt qu'à tout autre homme de France, l'histoire d'un petit embarras où je me trouvais – Et quel est votre embarras ? apprenez-le-moi, dit le comte. Je lui en fis donc le récit, tout comme je l'ai fait au lecteur –

— Et mon hôtelier, dis-je en le terminant, soutient, monsieur le comte, que l'on m'enverra à la Bastille – mais je n'ai point d'appréhensions, continuai-je – car en tombant aux mains du peuple le plus poli de l'univers, et avec la conscience que j'ai de ma loyauté, et de n'être point venu épier la nudité du pays, à peine si j'ai pensé que j'étais à sa merci. – Il ne sied point à la bravoure des Français, monsieur le comte, ajoutai-je, de se donner cours contre des invalides.

Une vive rougeur parut sur les joues du comte de B**** comme je disais cela – *Ne craignez rien* – N'ayez crainte, dit-il – Assurément, je n'en ai point, répétai-je – d'ailleurs, poursuivis-je avec un peu d'espièglerie, je suis venu en riant tout le long du chemin de Londres à Paris, et je ne pense pas que monsieur le duc de Choiseul soit ennemi de la gaieté au point de me renvoyer en larmes pour ma peine.

— Ma requête auprès de vous, monsieur le comte de B**** (lui faisant un profond salut), a pour objet d'obtenir qu'il ne le fasse point.

Le comte m'entendit avec beaucoup de bienveillance, sans quoi je n'en aurais pas dit moitié autant – et une ou deux fois il s'écria – *C'est bien dit.* J'en restai donc à cet exposé de ma cause – et résolus de n'en plus rien dire.

Le comte dirigea l'entretien ; nous parlâmes de choses indifférentes : – de livres et de politique, et des hommes – et puis des femmes – Dieu les bénisse toutes ! dis-je, après une longue causerie sur ce sujet – il n'y a point d'homme sur terre qui les aime autant que moi : après tous les faibles que je leur ai vus, et toutes les satires que j'ai lues contre elles, je les aime toujours ; étant fermement persuadé qu'un homme qui n'a pas une sorte d'affection pour le sexe tout entier, est incapable d'en jamais aimer une seule comme il devrait.

Eh bien ! monsieur l'Anglais, dit le comte, gaiement – Vous n'êtes pas venu épier la nudité du pays – je vous crois – *ni encore*, je présume, celle de nos femmes – Mais permettez-moi cette conjecture, que – si, *par hasard*, elles tombaient sur votre chemin – vous ne seriez pas trop affecté de la perspective.

J'ai quelque chose en moi qui ne peut soutenir le choc de la moindre insinuation indécente :

dans le badinage de la causerie, je me suis souvent efforcé d'en venir à bout, et j'ai hasardé avec une peine infinie, devant une douzaine de femmes réunies, un millier de choses – dont je ne saurais risquer la moindre devant une femme seule, fût-ce pour gagner le ciel.

Excusez-moi, monsieur le comte, dis-je – quant à la nudité de votre pays, si je la voyais, j'y jetterais un regard voilé de pleurs – et pour celle de vos femmes (rougissant à l'idée qu'il avait excitée en moi) je suis si évangélique à cet égard, et j'ai tant de sympathie pour tout ce qu'il y a de *faible* en elles, que je la couvrirais d'un vêtement, si je savais comment l'y jeter – Mais je pourrais souhaiter, continuai-je, d'épier la *nudité* de leurs cœurs, et de découvrir, à travers les déguisements variés de la coutume, du climat et de la religion, ce qu'il s'y trouve de bon, afin d'y conformer le mien – et c'est pour cela que je suis venu.

C'est pour cette raison, monsieur le comte, poursuivis-je, que je n'ai pas vu le Palais-Royal – ni le Luxembourg – ni la façade du Louvre – et que je n'ai pas entrepris de grossir les catalogues que nous avons de tableaux, de statues et d'églises – je conçois toute belle créature comme un temple, et j'aimerais mieux y entrer, et voir les dessins originaux et les esquisses négligées qui y sont suspendues, que la Transfiguration même de Raphaël.

Cette soif, continuai-je, aussi impérieuse que celle qui embrase le sein du connaisseur, m'a amené de chez moi en France, et de France me mènera en Italie – c'est un paisible voyage du cœur à la poursuite de la NATURE, et de ces affections qui naissent d'elle, qui nous donnent plus d'amour les uns pour les autres – et pour le monde, que nous n'en possédons.

Le comte me dit, à cette occasion, une foule de choses fort civiles ; et il ajouta très poliment combien il était obligé à Shakespeare de lui avoir procuré ma connaissance – mais, *à propos*, dit-il – Shakespeare est plein de grandes choses – Il a oublié la petite formalité de m'apprendre votre nom – cela vous met dans la nécessité de le faire vous-même.

LE PASSEPORT
VERSAILLES

Il n'y a rien dans la vie qui me jette dans plus de perplexité, que d'avoir à dire à quelqu'un qui je suis – car il n'est pratiquement personne dont je ne puisse mieux rendre compte que de moi-même ; et j'ai souvent souhaité pouvoir le faire d'un seul mot – et en être quitte. Ce fut la seule époque et occasion de ma vie où j'y pus réussir avec quelque utilité – car Shakespeare se trouvant sur la table, et me souvenant que je figurais dans ses œuvres, je pris *Hamlet* et, allant immédiatement à la scène des fossoyeurs dans le cinquième acte, je mis le doigt sur YORICK et, présentant le livre au comte en gardant le doigt posé sur ce nom – *Me voici!* dis-je.

Or, que l'idée du crâne de ce pauvre Yorick ait été chassée de l'esprit du comte par la réalité du mien, ou par quelle magie il put sauter une période de sept ou huit cents ans, cela ne fait rien à l'affaire – il est certain que les Français conçoivent mieux qu'ils ne combinent – je ne m'étonne de rien dans ce monde, et encore moins de ceci; d'autant qu'un des membres les plus éminents de notre Église, pour la sincérité et les sentiments paternels duquel j'ai la plus haute vénération, tomba dans la même méprise à la même occasion. – « Il ne pouvait endurer, disait-il, d'examiner des sermons écrits par le bouffon du roi de Danemark. » – Bon, monseigneur! lui dis-je – mais il y a deux Yorick. L'Yorick auquel songe Votre Grandeur est mort et enterré depuis huit cents ans; il florissait à la cour d'Horwendillus – l'autre Yorick, c'est moi, qui n'ai fleuri, monseigneur, dans aucune cour – Il secoua la tête – Bon Dieu! dis-je, vous pourriez aussi bien confondre Alexandre le Grand avec Alexandre le chaudronnier, monseigneur – C'était tout un, répliqua-t-il –

— Si Alexandre, roi de Macédoine, avait pu transférer Votre Grandeur à un autre siège, dis-je

– je suis sûr que Votre Seigneurie n'aurait point dit cela.

Le pauvre comte de B**** ne fit que tomber dans la même *erreur* –

— *Et monsieur est-il Yorick?* s'écria le comte. – *Je le suis*, dis-je. – *Vous?* – *Moi – moi qui ai l'honneur de vous parler, monsieur le comte* – *Mon Dieu!* dit-il, en m'embrassant – *vous êtes Yorick.*

Le comte mit aussitôt Shakespeare dans sa poche – et me laissa seul dans son cabinet.

Le passeport
Versailles

Je ne pouvais concevoir pourquoi le comte de B**** avait quitté si abruptement la pièce, pas plus que je ne pouvais concevoir pourquoi il avait mis le Shakespeare dans sa poche – *Des mystères qui doivent s'éclairer d'eux-mêmes ne valent pas le temps qu'on y perd en conjectures* : mieux valait lire Shakespeare; prenant donc *Beaucoup de bruit pour rien*, je me transportai à l'instant du fauteuil où j'étais assis jusqu'à Messine en Sicile, et m'occupai si fort de Don Pedro, de Bénédict et de Béatrice, que je ne pensai plus à Versailles, au comte, ni au passeport.

Douce flexibilité de l'esprit humain, capable tout d'un coup de s'abandonner à des illusions qui trompent les longs ennuis de l'attente et du chagrin ! – depuis longtemps – depuis longtemps vous auriez terminé mes jours, si je n'en avais passé une si grande part sur ce sol enchanté : lorsque le chemin est trop rude pour mes pieds, ou trop raide pour mes forces, je le laisse pour quelque doux sentier velouté, que l'imagination a semé des roses naissantes du plaisir ; et après y avoir fait quelques tours, je reviens plus fort et plus frais – Quand mes maux me pressent sans relâche, et qu'il n'y a point de retraite où leur échapper en ce monde, alors je prends une autre voie – je le quitte – et comme j'ai une idée plus claire des champs élyséens que du ciel, j'y pénètre, tel Énée, de force – je le vois saluer l'ombre pensive de sa Didon délaissée – et chercher à la reconnaître – je vois l'âme outragée détourner la tête, et s'éloigner en silence de l'auteur de ses misères et de son déshonneur – je perds tout sentiment de mes maux dans les siens – et dans ces affections qui souvent me faisaient pleurer sur elle quand j'étais au collège.

Sûrement ce n'est pas là marcher dans une ombre vaine[1] *– et l'homme ne se tourmente pas* en vain *lorsqu'il en use ainsi* – il le fait plus souvent lorsqu'il confie à la seule raison l'issue de ses agitations. – Pour moi, je puis dire en toute assurance que je n'ai jamais su vaincre une seule sensation pénible de mon cœur aussi décisivement qu'en recrutant

1. Cf. Psaumes, 39.6.

au plus vite quelque autre sensation plus douce et plus aimable, qui la combattît sur son propre terrain.

J'étais à la fin du troisième acte, quand le comte de B**** entra, mon passeport à la main. Monsieur le duc de C*****, dit le comte, est, j'ose l'affirmer, aussi bon prophète qu'homme d'État – *Un homme qui rit*, dit le duc, *ne sera jamais dangereux*. – Si c'eût été pour tout autre que le bouffon du roi, ajouta le comte, je n'aurais pu l'obtenir de ces deux heures. – *Pardonnez-moi*, monsieur le comte, dis-je – je ne suis point le bouffon du roi. – Mais vous êtes Yorick? – Oui. – *Et vous plaisantez?* – Je répondis qu'assurément, je plaisantais – mais que je n'étais pas payé pour cela – c'était entièrement à mes frais.

Nous n'avons pas de bouffon à la cour, monsieur le comte, dis-je, le dernier que nous eûmes, ce fut sous le règne licencieux de Charles II – depuis ce temps nos manières ont si bien été en s'épurant par degrés, qu'à présent notre cour est remplie de patriotes qui ne désirent *rien* que l'honneur et la prospérité de leur pays – et nos dames sont toutes si chastes, si irréprochables, si bonnes, si pieuses – qu'un bouffon n'a plus matière à bouffonner –

Voilà un persiflage! s'écria le comte.

LE PASSEPORT
VERSAILLES

Comme le passeport était adressé à tous les lieutenants gouverneurs, gouverneurs et commandants de place, généraux d'armée, justiciers et autres officiers de justice, avec injonction de laisser voyager paisiblement M. Yorick, bouffon du roi, et son bagage – j'avoue que le triomphe d'avoir obtenu le passeport ne fut pas peu terni par la figure que j'y faisais – Mais rien n'est sans mélange en ce monde; et quelques-uns de nos plus graves théologiens ont poussé cette maxime jusqu'à affirmer que la jouissance elle-même était accompagnée d'un soupir – et que la plus grande *qu'ils connussent* ne finissait guère mieux, *en général*, que par une convulsion.

Je me souviens que le grave et savant Bevoriskius, dans son commentaire sur les générations depuis Adam, s'interrompt fort naturellement au beau milieu d'une note, pour rendre compte au monde d'une couple de moineaux qui, perchés sur le bord extérieur de sa fenêtre, l'avaient incommodé tout le temps qu'il écrivait, et à la fin l'avaient complètement distrait de sa généalogie.

— C'est étrange! écrit Bevoriskius; mais les faits sont certains, car j'ai eu la curiosité de les noter de ma plume un à un – mais le mâle, durant le peu de temps où j'aurais pu finir l'autre moitié de cette note, m'a bel et bien interrompu, par la réitération de ses caresses, vingt-trois fois et demie.

Comme le ciel, ajoute Bevoriskius, est miséricordieux envers ses créatures !

Infortuné Yorick ! dire que le plus grave de tes frères fut capable d'écrire à l'intention du monde ce qui couvre ta face d'écarlate, rien qu'à le recopier dans ton cabinet !

Mais cela n'a rien à voir avec mes voyages – J'en demande donc deux fois – deux fois pardon.

Le caractère
Versailles

Et comment trouvez-vous les Français ? dit le comte de B**** lorsqu'il m'eut donné le passeport.

Le lecteur peut supposer qu'après une preuve de courtoisie si obligeante, je ne pouvais être en peine de répondre quelque chose d'agréable à cette question.

— *Mais passe pour cela* – Parlez franchement, dit-il : trouvez-vous chez les Français toute l'urbanité dont le monde nous fait honneur ? – Tout ce que j'avais vu, dis-je, confirmait ce rapport – *Vraiment*, dit le comte. – *Les Français sont polis*. – Jusqu'à l'excès, repartis-je.

Le comte releva le mot *excès*; et prétendit que j'en pensais plus que je n'en disais. Je m'en défendis longtemps, de mon mieux – il maintint que j'avais quelque réserve, et insista que je disse franchement mon opinion.

Je crois, monsieur le comte, dis-je, que l'homme a un certain clavier, tout comme un instrument; et que les nécessités sociales et autres emploient tour à tour chacune de ses clefs; en sorte que si l'on attaque une note trop haut ou trop bas, il manquera forcément quelque chose, dans la partie supérieure ou dans la basse, pour compléter le système harmonique. – Le comte de B**** ne savait pas la musique, et me pria donc de m'expliquer d'une autre manière. Une nation polie, mon cher comte, dis-je, rend chacun son débiteur, et d'ailleurs l'urbanité a, comme le beau sexe, tant de charmes en elle-même! le cœur répugne à dire qu'elle puisse mal faire; et pourtant, je crois qu'il n'est au pouvoir de l'homme, à le prendre dans l'ensemble, que d'arriver à un certain niveau de perfection – s'il va au-delà, il change de qualités plutôt qu'il n'en acquiert. Je ne présumerai pas de dire à quel point cela touche les Français dans le sujet dont nous traitons – mais si les Anglais, dans leur progrès vers le raffinement, devaient jamais être dans le cas d'arriver à ce poli qui distingue les Français, quand nous ne perdrions point cette *politesse de cœur* qui rend les hommes plus enclins à agir humainement que civilement – nous perdrions du moins cette variété marquée, cette originalité de caractère qui nous distingue non seulement les uns des autres, mais de tout le reste du monde.

J'avais dans ma poche quelques shillings du roi Guillaume, aussi lisses que du verre ; et prévoyant qu'ils seraient utiles à l'illustration de mon hypothèse, je les avais pris dans ma main, lorsque j'en étais arrivé là –

Voyez, monsieur le comte, dis-je en me levant et en les mettant devant lui sur la table – à force de tinter et de frotter l'un contre l'autre pendant soixante-dix ans dans les poches d'un tel ou d'un tel, ils sont devenus si semblables, que vous pouvez à peine distinguer un shilling d'un autre.

Les Anglais, comme des médailles antiques, se tenaient plus à part et, ne passant que par peu de mains, conservent le fil aigu que la belle main de la nature leur a d'abord donné – ils ne sont point si agréables au toucher – mais en échange, la légende est si visible, qu'au premier coup d'œil on voit l'effigie et l'inscription qu'ils portent. – Mais les Français, monsieur le comte, ajoutai-je, voulant adoucir ce que j'avais dit, ont tant d'autres d'excellences, qu'ils peuvent aussi bien s'épargner celle-ci – c'est un peuple loyal, vaillant, généreux, ingénieux et aimable s'il en est sous le ciel – s'ils ont un défaut – c'est d'être trop *sérieux*.

Mon Dieu! s'écria le comte, en se levant de son siège.

Mais vous plaisantez, dit-il en corrigeant son exclamation. – Je mis la main sur ma poitrine et l'assurai, avec une profonde gravité, que c'était mon opinion la plus arrêtée.

Le comte dit qu'il était mortifié de ne pouvoir rester pour entendre mes raisons, ayant pris l'engagement d'aller en ce moment dîner avec le duc de C*****.

Mais si Versailles ne vous paraît pas trop loin pour y venir manger votre soupe avec moi, je vous prie qu'avant que vous quittiez la France j'aie le plaisir de vous entendre rétracter votre opinion – ou de savoir comment vous la soutenez. – Mais si vous la soutenez, monsieur l'Anglais, dit-il, vous devez y employer toutes vos forces, car vous avez le monde entier contre vous. – Je promis au comte que j'aurais l'honneur de dîner avec lui avant de partir pour l'Italie – et je pris congé.

LA TENTATION
PARIS

Quand je descendis à l'hôtel, le portier me dit qu'une jeune femme avec un carton venait à l'instant même de me demander. – Je ne sais, dit le portier, si elle est partie ou non. Je lui pris la clef de ma chambre, et montai l'escalier ; et lorsque je fus arrivé à dix marches de mon palier, je la rencontrai qui descendait tranquillement.

C'était la belle *fille de chambre* avec laquelle j'avais marché le long du quai de Conti : madame de R**** l'avait envoyée faire quelques emplettes chez une *marchande de modes* à un pas ou deux de l'hôtel de Modène; et comme j'avais manqué à lui rendre visite, elle lui avait demandé de s'informer si j'avais quitté Paris, et si, dans ce cas, je n'avais pas laissé une lettre pour elle.

La belle *fille de chambre*, se trouvant si près de ma porte, revint sur ses pas, et entra dans la pièce avec moi pour une ou deux minutes, le temps d'écrire une carte.

C'était une belle soirée calme, à la fin du mois de mai – les rideaux de fenêtre cramoisis (qui étaient de même couleur que ceux du lit) étaient entièrement tirés – le soleil se couchait, et reflétait au travers une teinte si chaude sur le visage de la belle *fille de chambre* – que je crus qu'elle rougissait – l'idée me fit rougir moi-même – nous étions tout à fait seuls; et cela suscita une seconde rougeur avant que la première fût bien partie.

Il est une sorte d'agréable rougeur à moitié coupable, où le sang est plus en faute que l'homme – il jaillit impétueusement du cœur, et la vertu s'élance après lui – non pour le rappeler, mais pour en rendre la sensation plus délicieuse aux nerfs – ils sont associés. –

Mais je ne la décrirai point. – Je sentis d'abord quelque chose en moi qui n'était pas strictement à l'unisson de la leçon de vertu que je lui avais donnée la veille au soir – Je cherchai une carte pendant cinq minutes – je savais que je n'en avais point. – Je pris une plume – je la reposai – la main me tremblait – j'étais possédé du diable.

Je sais aussi bien que personne, que c'est un adversaire qui s'enfuit si on lui résiste – mais il est rare que je lui résiste le moins du monde, à cause de la terreur que j'ai, quoique je puisse être victorieux, d'attraper un mauvais coup dans le combat – je sacrifie donc le triomphe à la sécurité; et au lieu de songer à le mettre en fuite, je prends généralement la fuite moi-même.

La belle *fille de chambre* s'approcha tout près du bureau où je cherchais une carte – prit d'abord la plume que j'avais jetée, puis offrit de me tenir l'encrier; elle l'offrit avec tant de douceur, que j'allais accepter – mais je n'osai – je n'ai rien, ma chère, dis-je, sur quoi écrire. – Écrivez, dit-elle, tout simplement, sur n'importe quoi. –

J'étais sur le point de m'écrier : Alors j'écrirai, belle enfant! sur tes lèvres. –

Si je fais cela, dis-je, je péris – je la pris donc par la main et la menai à la porte, et je la priai qu'elle n'oubliât point la leçon que je lui avais donnée – Elle dit qu'elle n'aurait garde – et tout en prononçant ces mots avec une certaine chaleur, elle se retourna, et plaça ses deux mains jointes dans les miennes – il était impossible dans cette situation de ne point les serrer – je désirais de les lâcher; et tout le temps que je les tins je tentai âprement de me raisonner – et pourtant je les gardais toujours. – Au bout de deux minutes, je vis que j'avais toute la bataille à recommencer – et je sentis mes jambes et tous mes membres trembler à cette idée.

Le pied du lit se trouvait à trois pas de l'endroit où nous étions debout – je lui tenais toujours les mains – et comment cela se fit, c'est ce que je suis incapable de décrire, mais je ne le lui demandai point – je ne l'attirai pas davantage – je ne songeai point au lit – mais il arriva que nous nous y assîmes tous deux.

Je veux seulement vous montrer, dit la belle *fille de chambre*, la petite bourse que j'ai faite aujourd'hui pour y mettre votre écu. Elle plongea donc la main dans sa poche droite, qui était de mon côté, et y fouilla un certain temps – puis dans la gauche – « Elle l'avait perdue. » – Je n'ai jamais supporté l'attente avec plus de patience – enfin elle se trouva au fond de sa poche droite – elle l'en tira ; c'était une bourse de taffetas vert, doublée d'une petite bordure de satin blanc piqué, et juste assez grande pour contenir l'écu – elle me la mit dans la main – elle était jolie ; et je la tins dix minutes, le dos de ma main posé sur son genou, regardant tantôt la bourse, tantôt à côté.

Un ou deux points s'étaient rompus dans les fronces de mon collet – la belle *fille de chambre*, sans dire un mot, sortit son petit nécessaire, enfila une aiguille fine, et se mit à les recoudre – je prévoyais que cela allait compromettre la gloire de la journée – et tandis que sa main dans cette manœuvre passait et repassait en silence devant mon cou, je sentais frémir les lauriers que l'imagination m'avait tressés autour de la tête.

Une oreille de son soulier s'était défaite en marchant, et la boucle allait tomber – Voyez, dit la *fille de chambre* en levant le pied – Je ne pouvais pas, fût-ce au prix de mon âme, ne pas lui remettre sa boucle en gage de reconnaissance, et, y rajustant l'oreille du soulier – et levant l'autre pied avec celui-ci quand j'eus terminé, pour voir s'ils étaient bien mis tous les deux – comme je le fis trop soudainement – cela fit inévitablement perdre son équilibre à la belle *fille de chambre* – et alors –

La victoire

Oui – et alors – Oh ! vous dont les cœurs tièdes et les têtes froides comme l'argile peuvent raisonner ou masquer leurs passions – dites-moi, quel crime est-ce donc à l'homme d'en avoir ? ou comment son esprit peut-il être responsable d'autre chose, devant le père des esprits, que de sa conduite sous leur empire ?

Si la nature a tissé la toile de sa bonté de sorte qu'il se mêle à l'ouvrage quelques fils d'amour et de désir – faut-il en les retirant déchirer la toile tout entière? – Fouette-moi donc de pareils stoïciens, grand gouverneur de la nature! me dis-je – En quelque endroit que ta providence me place pour éprouver ma vertu – quel que soit mon péril – quelle que soit ma situation – laisse-moi sentir les mouvements qui en naîtront, et qui m'appartiennent en ma qualité d'homme – et si je les gouverne en homme de bien – j'en confierai l'issue à ta justice, car c'est toi qui nous as faits – et non point nous-mêmes.

Comme j'achevais cette requête, je relevai la belle *fille de chambre* par la main, et la conduisis hors de la pièce – elle se tint à mon côté jusqu'au moment où j'eus fermé la porte et mis la clef dans ma poche – *et alors* – la victoire étant tout à fait décisive – et seulement alors, je pressai mes lèvres contre sa joue, et, la reprenant par la main, je la menai saine et sauve à la porte de l'hôtel.

LE MYSTÈRE
PARIS

Tout homme qui connaît le cœur humain comprendra qu'il m'était impossible de retourner aussitôt dans ma chambre – c'était toucher un ton froid, avec un bémol à la tierce, à la fin d'un morceau de musique qui avait éveillé mes affections – aussi, lorsque j'eus lâché la main de la *fille de chambre*, je restai quelque temps à la porte de l'hôtel, regardant tous les passants et formant sur eux des conjectures, jusqu'au moment où mon attention se fixa sur un objet unique qui confondait toutes les sortes de raisonnement qu'on en pouvait faire.

C'était une grande figure à mine de philosophe, sérieuse, saturnienne, qui passait et repassait dans la rue d'un air rassis, en faisant un tour d'environ soixante pas de chaque côté de la porte de l'hôtel – l'homme avait à peu près cinquante-deux ans – portait une petite canne sous le bras – était vêtu d'un habit, d'un gilet et d'une culotte de couleur sombre et terne, qui semblaient avoir vu quelques années de service – ils étaient encore nets, et il y avait un petit air de *propreté* frugale dans toute sa personne. À sa façon d'ôter son chapeau et d'accoster bon nombre de gens sur son chemin, je vis qu'il demandait la charité ; je tirai donc un ou deux sous de ma poche, prêt à les lui donner lorsqu'il arriverait dans ma direction – il passa près de moi sans rien me demander – et pourtant il n'avait pas fait cinq pas de plus qu'il demandait la charité à une petite femme – de nous deux, il était bien plus plausible que je dusse donner – Il en avait à peine fini avec cette femme qu'il ôtait son chapeau à une autre qui venait du même côté. – Un vieux monsieur arrivait à pas lents – et, après lui, un jeune merveilleux – Il les laissa passer tous deux, et ne demanda rien ; je restai à l'observer une demi-heure, pendant laquelle il eut le temps de faire une douzaine de tours en avant et en arrière, et je découvris qu'il suivait invariablement le même plan.

Il y avait dans tout cela deux choses fort singulières, qui me firent travailler le cerveau sans résultat – d'abord, pourquoi fallait-il que cet homme contât son histoire *seulement* aux personnes du sexe ? – et deuxièmement – quelle sorte d'histoire était-ce, et quelle espèce d'éloquence pouvait-ce être, qui attendrissait le cœur des femmes, et qu'il savait inutile d'employer auprès des hommes ?

Il y avait deux autres circonstances qui compliquaient ce mystère – l'une était que ce qu'il avait à dire à chaque femme, il le lui racontait dans l'oreille, et de telle manière que cela ressemblait à un secret bien plutôt qu'à une supplique – l'autre était, que cela réussissait toujours – il n'arrêtait jamais une femme sans qu'elle ne tirât sa bourse et ne lui donnât quelque chose sur-le-champ.

Je ne pouvais former de système qui expliquât ce phénomène.

J'avais une énigme pour m'amuser le reste de la soirée, aussi je remontai dans ma chambre.

LE CAS DE CONSCIENCE
PARIS

Je fus immédiatement suivi par l'hôtelier, qui entra dans la pièce pour me dire que je devais me procurer un logement ailleurs. – Comment cela, l'ami ? dis-je. – Il répondit, que je m'étais ce soir même enfermé deux heures dans ma chambre avec une jeune femme, et que c'était contre les règles de sa maison. – Très bien, dis-je, nous nous quitterons donc tous bons amis – car la fille ne s'en porte pas plus mal – je ne m'en porte pas plus mal – et vous resterez tout juste comme je vous ai trouvé. – C'en était assez, dit-il, pour ruiner le crédit de son hôtel. – *Voyez-vous, monsieur*, dit-il en désignant le pied du lit où nous nous étions assis. – Je conviens que cela avait quelque peu l'aspect d'une preuve ; mais ma fierté ne souffrant point que j'entrasse dans le moindre détail de l'affaire, je l'exhortai à laisser son âme reposer en paix, comme j'avais résolu de laisser faire à la mienne cette nuit, et je l'assurai qu'au déjeuner je m'acquitterais de ce que je lui devais.

Je n'y aurais pas fait attention, *monsieur*, dit-il, quand vous auriez eu vingt filles – C'est une vingtaine de plus, répondis-je en l'interrompant, que je n'ai jamais compté en avoir – Pourvu, ajouta-t-il, que c'eût seulement été le matin. – Et est-ce qu'à Paris la différence dans le moment de la journée fait une différence dans le péché? – Cela en faisait une, dit-il, dans le scandale. – J'aime une bonne distinction de tout mon cœur; et je ne puis dire que ma colère contre cet homme passât ce que je pouvais endurer. – Je conviens, reprit l'hôtelier, qu'il est nécessaire qu'à Paris un étranger ait des occasions d'acheter de la dentelle, des bas de soie, des manchettes, *et tout cela* – et que cela ne fait rien si une femme vient avec un carton. – Sur ma conscience, dis-je, elle en avait un; mais je n'y ai pas jeté un seul coup d'œil. – Alors *monsieur*, dit-il, n'a rien acheté. – Pas la moindre chose, repartis-je. – C'est que, dit-il, je pourrais vous en recommander une qui vous traiterait *en conscience*. – Mais il faut que je la voie ce soir, dis-je. – Il me fit un profond salut, et descendit.

C'est à présent que je vais triompher de cet hôtelier, m'écriai-je – et puis après? – Après je lui laisserai voir que je le connais pour un vilain drôle. Et puis après? – Et après! – Je me voyais de trop près pour dire que c'était pour l'amour d'autrui. – Il ne me restait plus de bonne réponse – il y avait plus de spleen que de principe dans mon projet, et j'en fus écœuré avant de le mettre à exécution.

Au bout de quelques minutes, la grisette entra avec son carton de dentelles – Je n'achèterai rien, cependant, dis-je en moi-même.

La grisette voulut me montrer tout – j'étais difficile à contenter; elle ne parut pas le voir :

elle ouvrit son petit magasin, posa toutes ses dentelles l'une après l'autre devant moi – les déplia et les replia une à une avec la patience la plus adorable – je pouvais acheter – ou non – elle me laisserait tout au prix que je voudrais – la pauvre créature semblait fort désireuse de gagner un sou; elle mettait tous ses appas en jeu pour me séduire, s'y prenant d'une façon qui me sembla moins artificieuse que simple et caressante.

S'il n'y a pas chez l'homme un fonds d'honnête crédulité, alors tant pis pour lui – mon cœur s'adoucit, et j'abandonnai ma seconde résolution aussi paisiblement que la première – Pourquoi punir une personne de la faute d'une autre? si tu es tributaire de ce tyran d'hôte, pensai-je en la regardant au visage, ton pain n'en est que plus dur.

Je n'aurais pas eu plus de quatre louis d'or dans ma bourse, qu'il n'y avait pas moyen de me lever et de lui montrer la porte, avant d'en avoir mis trois dans une paire de manchettes.

— L'hôtelier partagera le profit avec elle – n'importe – j'aurai donc seulement payé, comme plus d'un pauvre diable avant moi a *payé*, pour un acte qu'il n'a *pu* commettre, ni concevoir.

L'ÉNIGME
PARIS

Lorsque La Fleur monta me servir à souper, il me dit combien l'hôtelier était navré de l'affront qu'il m'avait fait en m'invitant à changer de logement.

Qui fait cas d'une bonne nuit de repos ne se couche point avec de l'inimitié dans le cœur, s'il peut s'en dispenser. Je fis donc dire par La Fleur à l'hôtelier que j'étais navré, de mon côté, de lui en avoir donné cause – et vous pouvez lui dire, si vous voulez, La Fleur, ajoutai-je, que si la jeune femme revient, je ne la recevrai pas.

C'était un sacrifice que je faisais, non à lui, mais à moi-même, ayant résolu, après l'avoir échappé si belle, de ne plus courir de risques, et de quitter Paris, s'il était possible, avec toute la vertu que j'avais en arrivant.

C'est déroger à noblesse, monsieur, dit La Fleur, en me faisant un salut jusqu'à terre comme il parlait – *Et encore monsieur*, dit-il, peut changer de sentiment – et si (*par hasard*) il lui prenait envie de s'amuser – Je ne trouve pas d'amusement à cela, dis-je en l'interrompant –

Mon Dieu! dit La Fleur – et il desservit.

Au bout d'une heure, il revint me mettre au lit, et fut plus officieux qu'à l'ordinaire – quelque chose lui brûlait les lèvres, qu'il voulait me dire ou me demander, et qu'il n'en pouvait faire sortir ; je ne pouvais concevoir ce que c'était ; et à la vérité, je ne me donnai guère de peine pour le découvrir, car j'avais en tête une autre énigme bien plus intéressante, je veux dire celle de l'homme qui demandait la charité devant la porte de l'hôtel – j'aurais donné n'importe quoi pour la comprendre à fond ; et cela non par curiosité – c'est un principe d'investigation si bas qu'en général je ne dépenserais pas deux sous pour le satisfaire – mais un secret, pensais-je, qui attendrissait si vite et si sûrement le cœur de toutes les femmes que l'on approchait, c'était un secret qui valait au moins celui de la pierre philosophale : eussé-je possédé les deux Indes que j'en aurais cédé une pour m'en rendre maître.

Je tournai et retournai cette énigme presque toute la nuit dans ma cervelle, sans la moindre espèce de succès ; et lorsque au matin je m'éveillai, je me trouvai l'esprit aussi troublé de mes *songes*, que le roi de Babylone l'avait jamais été des siens ; et je n'hésiterai pas à affirmer que tous les sages de Paris auraient été aussi embarrassés que ceux de Chaldée d'en donner l'interprétation.

Le dimanche
Paris

C'était dimanche ; et quand La Fleur entra, le matin, avec mon café, mon petit pain et mon beurre, il s'était si galamment ajusté que je le reconnus à peine.

J'étais convenu à Montreuil de lui donner un chapeau neuf à ganse et boucle d'argent, et quatre louis d'or *pour s'adoniser*, quand nous serions à Paris ; et le pauvre garçon, il faut lui rendre justice, en avait tiré des merveilles.

Il avait acheté un bon habit d'écarlate, propre, éclatant, et une culotte à l'avenant – Ils ne valaient pas un écu de moins, dit-il, pour avoir été portés – J'aurais voulu le voir pendu pour cette confidence – ils paraissaient si frais que, quoique je susse la chose impossible, j'aurais mieux aimé imposer à mon imagination en me figurant que je les avais achetés neufs pour lui, que de penser qu'ils sortaient de la *rue de la Friperie*.

C'est là une délicatesse qui, à Paris, ne fait pas trop mal au cœur.

Il avait acheté de surcroît un beau gilet de satin bleu, aux broderies passablement fantasques – et qui au vrai se trouvait, lui, un peu plus mal des services qu'il avait rendus, mais proprement récuré – l'or en était rajeuni, et dans l'ensemble plutôt voyant qu'autre chose

– et comme le bleu n'était point criard, il allait fort bien avec l'habit et la culotte ; il avait encore su tirer de son argent une bourse neuve et un solitaire ; et il avait exigé du *fripier* une paire de jarretières d'or pour les genoux de sa culotte – Il avait acheté des manchettes de mousseline, *bien brodées*, avec quatre livres de sa propre poche – et une paire de bas de soie blancs pour cinq de plus – et pour couronner le tout, la nature lui avait donné une belle tournure, sans qu'il lui en coûtât un sou.

Il entra dans la pièce ainsi paré, coiffé dans le meilleur style, et un magnifique *bouquet* au côté – en un mot, il y avait sur toute sa personne un air de fête qui me rappela aussitôt que c'était dimanche – et en combinant ces deux circonstances, l'idée me frappa sur-le-champ que la faveur qu'il avait voulu me demander la veille, c'était de passer la journée comme tout le monde la passait à Paris. J'avais à peine fait cette conjecture que La Fleur, avec une humilité infinie, mais le regard confiant, comme si je ne pouvais le refuser, me pria de bien vouloir lui accorder la journée, *pour faire le galant vis-à-vis de sa maîtresse*.

Or c'était précisément ce que j'entendais faire moi-même, *vis-à-vis* de madame de R**** – j'avais gardé le *remise* dans ce but exprès, et ma vanité n'eût point été mortifiée qu'un serviteur aussi bien vêtu que La Fleur montât derrière elle : jamais je ne me fusse plus malaisément passé de lui.

Mais dans ces sortes de perplexité il nous faut *sentir*, et non disputer – les fils et les filles de la domesticité renoncent à la liberté dans leurs contrats, mais non à la nature : ils sont de chair et de sang, et ils ont leurs petites vanités et leurs petits désirs au sein de leur maison de servitude, aussi bien que les maîtres de leurs tâches – sans doute, ils ont mis un prix à leur abnégation – et leurs attentes sont si déraisonnables, que je les décevrais bien souvent si leur condition ne me donnait pas un tel pouvoir de le faire.

Vois! – Vois, je suis ton serviteur[1] – cela me désarme à l'instant de toute mon autorité de maître –

— Tu iras, La Fleur! dis-je.

— Et quelle maîtresse, La Fleur, as-tu pu cueillir en si peu de temps à Paris? La Fleur posa la main sur son sein, et dit que c'était une *petite demoiselle* de chez monsieur le comte de B****. – La Fleur avait un cœur fait pour la société, et pour dire la vérité sur lui, laissait échapper aussi peu d'occasions que son maître – si bien que, de manière ou d'autre ; mais comment – le ciel le sait – il s'était lié avec la *demoiselle* sur le palier, pendant le temps que j'étais occupé de mon passeport ; et comme j'avais eu

1. II Samuel 9.6.

assez de temps pour gagner le comte à mes intérêts, La Fleur avait trouvé moyen de le mettre à profit pour gagner la jeune fille aux siens – la famille, semble-t-il, devait être à Paris ce jour-là, et il avait arrangé avec elle et deux ou trois autres des gens du comte une partie sur les *boulevards*.

Heureux peuple ! qui une fois par semaine, du moins, es sûr de déposer tous tes soucis ensemble, et de danser, et de chanter, et de secouer en folâtrant le fardeau de tes griefs, qui courbe jusqu'à terre le courage des autres nations !

Le fragment
Paris

La Fleur m'avait laissé de quoi m'amuser pour la journée, plus que je n'y avais compté, ou que cela n'eût pu entrer dans ma tête ou dans la sienne.

Il avait apporté le petit rond de beurre sur une feuille de groseillier ; et comme la matinée était chaude, et qu'il avait passablement de chemin à le porter, il avait demandé un morceau de papier de rebut qu'il pût glisser entre la feuille de groseillier et sa main – C'était une assiette suffisante : je lui dis de la poser sur la table telle qu'elle était, et ayant résolu de rester chez moi toute la journée, je lui ordonnai de passer chez le *traiteur* commander mon dîner, et de me laisser déjeuner tout seul.

Quand j'eus fini le beurre, je jetai la feuille de groseillier par la fenêtre, et j'allais en faire autant du morceau de papier – mais m'étant arrêté d'abord pour en lire une ligne, et cette ligne m'amenant à une seconde, puis à une troisième – je jugeai qu'il valait mieux que cela; de sorte que je fermai la fenêtre et que, tirant une chaise auprès, je m'assis pour le lire.

Il était en vieux français du temps de Rabelais et, pour autant que j'en sache, aurait pu être écrit par lui – il était, de plus, en caractères gothiques, et si passés, si effacés par l'humidité et le cours du temps, qu'il me fallut une peine infinie pour en tirer quelque chose – je le jetai de côté, puis j'écrivis une lettre à Eugénius – puis je le repris, et derechef j'y embrouillai ma patience – et puis pour guérir cette dernière, j'écrivis une lettre à Éliza. – Mais il ne me lâchait toujours pas; et la difficulté qu'il y avait à le comprendre ne faisait qu'augmenter mon désir.

Je pris mon dîner; et une fois que je me fus éclairé l'esprit avec une bouteille de bourgogne, je m'y remis – et après deux ou trois heures d'une attention presque aussi absorbée qu'en mit jamais Gruter ou Jacob Spon à déchiffrer quelque inscription absurde – je crus y avoir trouvé un sens : mais pour m'en assurer, le meilleur moyen, m'imaginai-je, était de le traduire en anglais, et de voir quel air il aurait alors – je m'y mis donc sans hâte, comme fait un homme qui muse, écrivant parfois une phrase – puis faisant un tour ou deux – et puis regardant le monde par la fenêtre, pour voir comme il allait ; si bien qu'il fut neuf heures du soir avant que j'eusse fini – et alors je commençai de lire ce qui suit.

LE FRAGMENT
PARIS

— Or la femme du notaire contestant ce point au notaire avec trop de chaleur – Je voudrais, dit le notaire en jetant le parchemin, qu'il y eût un autre notaire ici pour enregistrer et attester tout ceci –

— Et que feriez-vous ensuite, monsieur ? dit-elle en se levant précipitamment – la femme du notaire était une vraie petite soupe au lait, et le notaire crut bon d'éviter un ouragan en répondant avec douceur – J'irais, dit-il, au lit. – Vous pouvez aller au diable, répliqua la femme du notaire.

Or, comme il se trouvait n'y avoir qu'un lit dans la maison, les deux autres chambres n'étant point meublées, ainsi qu'il est de coutume à Paris, et le notaire ne se souciant pas de coucher dans le même lit qu'une femme qui venait, à l'instant, de l'envoyer cul-par-dessus tête au diable, sortit avec son chapeau, sa canne et son manteau court, car la nuit était très venteuse, et se dirigea, fort mal à l'aise, vers le *Pont-Neuf*.

De tous les ponts qui furent jamais bâtis, quiconque au monde a passé sur le *Pont-Neuf* doit convenir que c'est le plus noble – le plus beau – le plus grandiose – le plus léger – le plus long – le plus large qui ait jamais uni la terre à la terre sur la face du globe terraqué –

Il semble, d'après ceci, que l'auteur du fragment n'était point françois.

Le pire défaut que les théologiens et les docteurs de la Sorbonne puissent lui reprocher, c'est que, pour peu qu'il souffle assez de vent, à Paris ou aux environs, pour vous remplir le bonnet, on lui adresse là des *sacredieu* plus blasphématoires qu'en tout autre endroit découvert de la ville – et ce non sans motifs bons et puissants messieurs ; car il vous vient à l'encontre sans crier *gare l'eau*, et par bouffées si imprévisibles, que sur les rares personnes qui le bravent chapeau sur la tête, il n'en est pas une sur cinquante qui ne hasarde deux livres et demie, valeur exacte dudit chapeau.

Le pauvre notaire, tout juste comme il passait près du factionnaire, appliqua instinctivement sa canne sur le côté du sien, mais en la levant, la pointe de la canne accrocha la ganse de celui de la sentinelle, et le lança par-dessus les piques de la balustrade en plein dans la Seine –

— *C'est un mauvais vent*, dit un batelier qui le rattrapa, *que celui qui ne profite à personne*.

Le factionnaire, étant gascon, retroussa incontinent ses moustaches et mit son arquebuse en joue.

Les arquebuses, en ce temps-là, partaient au moyen de mèches ; et une vieille femme ayant vu sa lanterne de papier soufflée au bout du pont, elle avait emprunté la mèche du factionnaire pour la rallumer – cela donna un peu de temps au Gascon pour se refroidir le sang, et faire tourner l'accident plus à son avantage – *C'est un mauvais vent*, dit-il, attrapant le castor du notaire et légitimant sa capture par l'adage du batelier.

Le pauvre notaire traversa le pont et, entrant par la rue Dauphine dans le faubourg Saint-Germain, se lamentait de cette manière tout en marchant :

Malheureux homme que je suis ! disait le notaire, d'être toute ma vie le jouet des ouragans – d'être né pour voir les orages de l'invective déchaînés contre moi et ma profession partout où je vais – d'être forcé par les foudres de l'Église à épouser une tempête de femme – d'être chassé de ma maison par des bourrasques domestiques, et dépouillé de mon castor par des bourrasques pontifiques – d'être ici tête nue par une nuit venteuse, à la merci du flux et du reflux des accidents – où reposerai-je ma tête? – misérable! quel vent, parmi tous les trente-deux points du compas, pourra donc t'être profitable comme au reste de tes pareils?

Comme le notaire passait près d'une allée obscure en se plaignant de la sorte, une voix appela une fille, pour lui dire de courir chercher le notaire le plus proche – or notre notaire étant le plus proche, et se prévalant de sa situation, enfila l'allée jusqu'à la porte, et passant par une espèce de vieux salon, fut introduit dans une grande chambre entièrement dégarnie, à l'exception d'une longue hallebarde – d'une cuirasse – d'une vieille épée rouillée et d'une bandoulière, accrochées au mur en quatre endroits équidistants.

Un vieux personnage, qui avait été gentilhomme autrefois, et qui, à moins que la décadence de la fortune n'entache également le sang, était encore gentilhomme, gisait étendu sur un lit, la tête appuyée sur la main; une petite table, avec une bougie allumée, était tout près du lit, et près de la table une chaise – le notaire s'y assit; et tirant son encrier et une ou deux feuilles de papier qu'il avait dans sa poche, il les plaça devant lui; puis, trempant sa plume dans l'encre et se penchant sur la table, il prit toutes les dispositions pour rédiger les dernières volontés et testament du gentilhomme.

Hélas! monsieur le notaire, dit le gentilhomme en se relevant un peu, je n'ai rien à léguer qui puisse payer les frais de ce legs, si ce n'est l'histoire de ma personne, et je ne saurais mourir en paix à moins de la léguer au monde ; les profits qui en résulteront, je vous les lègue pour la peine que vous aurez eue de l'écrire sous ma dictée – c'est une histoire si étonnante, qu'il faut qu'elle soit lue de tout le genre humain – elle fera la fortune de votre maison – le notaire trempa sa plume dans son encrier – Directeur tout-puissant de tous les événements de ma vie ! dit le vieux gentilhomme, levant avec ferveur les yeux et les mains vers le ciel – toi dont la main m'a guidé à travers tout ce labyrinthe de passages étranges et fait descendre jusqu'à cette scène de désolation, assiste la mémoire défaillante d'un vieil homme infirme, au cœur brisé – que l'esprit de ton éternelle vérité dirige ma langue, afin que cet étranger n'enregistre rien que ce qui est écrit dans ce LIVRE, sur le témoignage duquel je dois être condamné ou absous ! – le notaire éleva le bec de sa plume entre son œil et la bougie –

— C'est une histoire, monsieur le notaire, dit le gentilhomme, qui éveillera toutes les affections de la nature – elle tuera les plus humains, et touchera de pitié le cœur même de la cruauté –

— Le notaire était enflammé du désir de commencer, et mit sa plume dans l'écritoire une troisième fois – et le vieux gentilhomme, se tournant un peu plus vers le notaire, commença à dicter son histoire en ces termes –

— Et où est le reste, La Fleur ? dis-je comme il entrait tout juste dans la chambre.

LE FRAGMENT ET LE BOUQUET
PARIS

Quand La Fleur se fut approché de la table, et que je lui eus fait comprendre ce que je voulais, il me dit qu'il n'y avait que deux autres feuilles, dont il avait enveloppé, pour les tenir ensemble, les queues d'un bouquet qu'il avait offert à la *demoiselle* sur les *boulevards* – Alors je t'en prie, La Fleur, dis-je, va la retrouver à l'hôtel du comte de B****, et *vois si tu peux ravoir* – Cela ne fait aucun doute, dit La Fleur – et il partit comme un trait.

Fort peu de temps après, le pauvre garçon revint tout essoufflé, et portant sur le visage de plus profondes marques de déception que n'en pouvait produire la simple impossibilité de retrouver le fragment – *Juste ciel!* en moins de deux minutes après que le pauvre garçon lui eut fait un dernier adieu plein de tendresse – son inconstante maîtresse avait donné son *gage d'amour* à l'un des laquais du comte – le laquais, à une jeune couturière – et la couturière, à un violoneux, avec mon fragment au bout – Nos infortunes étaient entremêlées – je poussai un soupir – et La Fleur me le renvoya en écho à l'oreille –

— Quelle perfidie ! s'écria La Fleur – Quelle malchance ! dis-je. –

— Je n'eusse pas été mortifié, monsieur, dit La Fleur, si elle l'avait perdu – Ni moi, La Fleur, dis-je, si je l'avais retrouvé.

Si j'y parvins ou non, on le verra par la suite.

L'ACTE DE CHARITÉ
PARIS

Qui dédaigne ou redoute de s'engager dans une allée sombre peut bien être un digne et excellent homme, et propre à mille choses : mais jamais il ne ferait un bon voyageur sentimental. Je fais peu de cas de tout ce que je vois se passer au grand jour de midi, dans de vastes rues dégagées. – La nature est timide, et a horreur d'agir devant spectateurs ; mais dans un de ces coins inaperçus, on voit quelquefois d'elle une seule courte scène qui vaut tout le sentiment d'une douzaine de pièces françaises amalgamées ensemble – et pourtant elles sont *absolument* belles ; – et toutes les fois que j'ai sur les bras une cérémonie plus brillante qu'à l'ordinaire, comme elles conviennent à un prédicateur tout aussi bien qu'à un héros, j'en fais généralement la matière de mon sermon – et quant au texte – « la Cappadoce, le Pont et l'Asie, la Phrygie et la Pamphylie » – vaut n'importe quel autre sujet dans la Bible[1].

Il est un long passage obscur qui va de l'Opéra-comique à une rue étroite ; seuls l'empruntent un petit nombre de gens qui attendent humblement un *fiacre*, ou veulent s'en aller tranquillement à pied quand l'opéra est fini. Au bout, du côté du théâtre, il est éclairé par une petite chandelle, dont la lumière est presque perdue avant qu'on soit à moitié chemin, mais près de la porte – elle est plutôt là pour l'ornement que pour l'usage : on la voit comme une étoile fixe de la plus faible magnitude ; elle brûle – mais que l'on sache, elle ne sert pas de grand-chose au monde.

En m'en retournant par ce passage, je discernai, comme j'arrivais à cinq ou six pas de la porte, deux dames qui se tenaient par le bras, adossées au mur et, m'imaginai-je, attendant un *fiacre* – comme elles étaient près de la porte, je pensai qu'elles avaient droit de priorité : je me rangeai donc à deux ou trois pas d'elles, et gardai mon tour – j'étais en noir, et à peine visible.

La dame près de moi était une grande femme à figure maigre d'environ trente-six ans ; l'autre, de même taille et de même tournure, en avait à peu près quarante ; elles n'avaient rien en elles, ni l'une ni l'autre, qui annonçât la femme

1. Cf. Actes des Apôtres, 2.9-10.

mariée ou la veuve – elles avaient l'air roide de deux sœurs vestales que n'avaient pas énervées les caresses, que n'avaient pas assaillies de tendres compliments, j'aurais pu souhaiter de les rendre heureuses – leur bonheur était destiné, ce soir-là, à venir d'un autre côté.

Une voix basse, à l'expression agréable et qui retombait en douces cadences, leur demanda pour l'amour du ciel une pièce de douze sous entre elles deux. Je trouvai singulier qu'un mendiant fixât la quotité d'une aumône – et que la somme fût douze fois autant que ce qu'on donne habituellement dans l'obscurité. Elles en parurent toutes deux aussi étonnées que moi. – Douze sous ! dit l'une. – Une pièce de douze sous ! dit l'autre – et elles ne firent point de réponse.

L'indigent dit qu'il ne savait comment demander moins à des personnes de leur rang ; et il courba la tête jusqu'à terre.

Peuh ! dirent-elles – nous n'avons pas d'argent.

Le mendiant garda le silence une ou deux minutes, et renouvela sa supplique.

Mes belles jeunes dames, dit-il, ne me fermez pas vos oreilles charitables – Sur ma parole, brave homme ! dit la plus jeune, nous n'avons pas de monnaie – Dieu vous bénisse, alors, dit l'indigent, et qu'il multiplie ces félicités que vous pouvez, sans monnaie, prodiguer à d'autres ! – J'observai que l'aînée mettait la main à sa poche – je vais voir, dit-elle, si j'ai un sou. – Un sou! donnez-en douze, dit le suppliant; la nature a été généreuse envers vous, soyez généreuse envers un pauvre homme.

Je le voudrais, mon ami, de tout mon cœur, dit la plus jeune, si je les avais.

Ma belle charitable! dit-il en s'adressant à l'aînée, qu'est-ce donc, sinon votre bonté et votre humanité, qui rend vos yeux éclatants si doux qu'ils éclipsent la lumière de l'aube, même dans ce sombre passage? et qu'est-ce donc qui faisait dire au marquis de Sancerre et à son frère tant de choses de vous comme ils passaient à l'instant?

Les deux dames parurent fort émues; et comme par impulsion, elles mirent toutes deux en même temps la main à la poche, et en tirèrent chacune une pièce de douze sous.

La contestation avait cessé entre elles et le pauvre suppliant – elle continua entre elles deux, à qui ferait la charité de la pièce de douze sous – et pour terminer la dispute elles la firent toutes deux à la fois, et l'homme se retira.

L'ÉNIGME EXPLIQUÉE
PARIS

Je m'en fus précipitamment après lui : c'était le même homme dont le succès auprès des femmes à qui il demandait la charité près de la porte de l'hôtel m'avait si fort intrigué – et j'avais soudain découvert son secret, ou du moins ce qui en faisait la base – c'était la flatterie.

Délicieuse essence ! comme tu rafraîchis la nature ! comme toutes ses forces et toutes ses faiblesses se rangent nettement de ton côté ! avec quelle douceur tu te mêles au sang et le guides, par les passages les plus difficiles et les plus tortueux, jusqu'au cœur !

L'indigent, qui n'était pas pressé par le temps, l'avait ici dispensée à forte dose : il est certain qu'il avait un moyen de la réduire à des formes moins amples, pour tous les cas urgents qu'il avait à traiter par les rues ; mais comment il venait à bout de la corriger, de l'adoucir, de la concentrer, de la modifier – je ne me tarabuste pas l'esprit à le chercher – c'est assez que le mendiant ait gagné deux pièces de douze sous – et ceux-là peuvent au mieux dire le reste, à qui elle a fait gagner bien davantage.

Paris

Nous avançons moins dans le monde en rendant des services qu'en en recevant : on prend une brindille qui se dessèche, et on la met en terre ; et puis on l'arrose, parce qu'on l'a plantée.

Monsieur le comte de B****, simplement parce qu'il avait eu de l'obligeance pour moi dans l'affaire de mon passeport, voulut m'en témoigner encore pendant le peu de jours qu'il était à Paris, en me faisant connaître à quelques personnes de distinction ; et celles-ci devaient me présenter à d'autres, et ainsi de suite.

Je m'étais rendu maître de mon *secret*, juste à temps pour tirer quelque parti de ces honneurs qu'on me faisait : autrement, comme c'est communément le cas, j'aurais dîné et soupé une ou deux fois à la ronde et puis, en *traduisant* en bon anglais les regards et les attitudes françaises, j'aurais tôt fait de voir que je tenais le *couvert* de quelque convive plus divertissant ; et à la longue j'aurais résigné toutes mes places l'une après l'autre, selon ce principe simple, que je ne pouvais les garder. – En la circonstance, les choses n'allèrent pas trop mal.

J'eus l'honneur d'être présenté au vieux marquis de B**** : il s'était signalé, au temps jadis, par quelques petits exploits de chevalerie à la *Cour d'amour*, et depuis lors s'ajustait toujours selon ses idées de joutes et de tournois – le marquis de B**** voulait que l'on crût que la chose existait ailleurs que dans son cerveau. « Il pourrait être tenté de faire un voyage en Angleterre », et s'enquit beaucoup des dames anglaises. Restez où vous êtes, je vous en conjure, monsieur le marquis, dis-je, les messieurs anglais ont déjà assez de peine à obtenir d'elles un regard favorable. – Le marquis m'invita à souper.

Monsieur P****, le fermier général, ne fut pas moins inquisiteur au sujet de nos impôts. – Ils étaient fort considérables, avait-il ouï dire. – Si seulement nous savions les percevoir, repartis-je en lui faisant un profond salut.

Jamais je n'eusse été invité aux concerts de monsieur P**** autrement qu'à ces termes.

On m'avait faussement représenté à madame de Q*** comme un *bel esprit* – madame de Q*** était elle-même un *bel esprit*; elle brûlait d'impatience de me voir, et de m'entendre parler. Je n'avais pas plus tôt pris un siège, que je vis qu'elle se souciait comme d'une guigne que j'eusse ou non de l'esprit – on me recevait pour me convaincre qu'elle en avait. – Je prends le ciel à témoin que les portes de mes lèvres ne s'ouvrirent pas une seule fois.

Madame de Q*** jura à chaque personne qu'elle rencontra, « qu'elle n'avait eu de sa vie une conversation aussi instructive avec un homme ».

Il y a trois époques dans le règne d'une Française – Elle est coquette – puis déiste – puis *dévote* : son empire durant ces trois périodes n'est jamais perdu – elle change seulement de sujets : lorsque trente-cinq ans et davantage ont dépeuplé ses États des esclaves de l'amour, elle les repeuple de ceux de l'infidélité – et puis de ceux de l'Église.

Madame de V*** oscillait entre les deux premières époques : les couleurs de la rose se fanaient rapidement – elle aurait dû se faire déiste cinq ans avant le temps où j'eus l'honneur de lui rendre ma première visite.

Elle me fit asseoir sur le même sofa où elle était, afin de discuter de plus près la nécessité de la religion. – En bref, madame de V*** me dit qu'elle ne croyait à rien.

Je dis à madame de V*** que ce pouvaient être ses principes ; mais qu'à coup sûr ce ne pouvait être son intérêt que de raser les ouvrages extérieurs sans lesquels je ne concevais point que l'on pût défendre une forteresse telle que la sienne – qu'il n'y avait rien de plus dangereux au monde pour la beauté que le déisme – que je devais à ma croyance de ne point le lui celer – que je n'avais pas été cinq minutes assis à côté d'elle sur le sofa, sans commencer à former des desseins – et quels autres freins que les sentiments religieux, et que ma conviction qu'ils avaient aussi une place dans son cœur, auraient pu arrêter cet essor ?

Nous ne sommes point de diamant, dis-je en lui prenant la main – et nous avons besoin de toutes les contraintes, jusqu'à ce que l'âge, à son tour, vienne furtivement nous imposer les siennes – mais, ma chère dame, dis-je en lui baisant la main – c'est trop – trop tôt –

Je déclare que j'eus dans tout Paris la réputation d'avoir *déperverti* madame de V***. – Elle affirma à monsieur D*** et à l'abbé M***, qu'en une demi-heure j'en avais dit plus en faveur de la religion révélée, que toute leur Encyclopédie n'en avait dit contre – je fus enrôlé sur-le-champ dans la *coterie* de madame de V***, et elle recula de deux ans l'époque du déisme.

Je me souviens que ce fut dans cette *coterie*, au milieu d'un discours où je faisais voir la nécessité d'une *cause première*, que le jeune comte de Fainéant m'emmena par la main dans le coin du salon le plus éloigné, pour me dire que mon *solitaire* était fiché trop près du cou – Il faudrait qu'il soit plus *badinant*, dit le comte en baissant les yeux sur le sien – mais une parole *au sage*, monsieur Yorick –

— Et venant du sage, monsieur le comte, répliquai-je en le saluant – *est suffisante.*

Le comte de Fainéant m'embrassa avec plus de chaleur que jamais homme mortel ne m'avait embrassé.

Durant trois semaines de suite, je fus de l'opinion de chaque homme que je rencontrai. – *Pardi! ce monsieur Yorick a autant d'esprit que nous autres.* – *Il raisonne bien*, dit un second. – *C'est un bon enfant*, dit un troisième. – Et à ce prix, j'aurais pu manger, boire et m'amuser tous les jours de ma vie à Paris ; mais c'était un *compte* bien malhonnête – je commençai d'en avoir honte – c'était un gain d'esclave – tous mes sentiments d'honneur se révoltaient contre – plus je m'élevais, plus j'étais astreint à mon *système de gueuserie* – meilleure était la *coterie* – plus nombreux les enfants de l'art – Je soupirais après ceux de la nature ; et un soir, après m'être abjectement prostitué à une demi-douzaine de personnes, j'eus mal au cœur – je me mis au lit – et j'ordonnai à La Fleur de me trouver des chevaux le lendemain matin pour aller en Italie.

Maria
Moulins

Jamais, jusqu'à ce moment, je n'avais senti sous aucune forme ce que c'était que l'embarras des richesses – voyager ainsi à travers le Bourbonnais, la plus délicieuse partie de la France – au plus beau de la vendange, lorsque la nature verse l'abondance dans le giron de tous, et que tous les regards sont levés vers le ciel – lorsqu'à chaque pas du trajet la musique bat la mesure au *Travail*, qui voit tous ses enfants se réjouir sous le poids de leurs grappes – passer au milieu de tout cela, plein d'affections qui débordaient et s'enflammaient à chaque groupe que je voyais – et chacun d'entre eux était gros d'aventures.

Juste ciel! – ce serait de quoi remplir vingt volumes – et, hélas! il ne me reste que quelques courtes pages de celui-ci pour les entasser – et la moitié doit en être consacrée à la pauvre Maria, que mon ami M. Shandy rencontra près de Moulins.

L'histoire qu'il avait faite de cette jeune fille à l'esprit troublé ne m'avait pas peu affecté à la lecture; mais lorsque je fus dans le voisinage de l'endroit où elle vivait, elle me revint à l'esprit avec tant de force, que je ne pus résister à l'impulsion de faire un détour d'une demi-lieue pour aller m'enquérir d'elle au village où demeuraient ses parents.

C'est aller, j'en conviens, comme le Chevalier à la Triste Figure, en quête d'aventures mélancoliques – mais je ne sais comment cela se fait, je ne suis jamais si parfaitement conscient de l'existence d'une âme en moi que lorsque je me trouve pris dans cette sorte de rets.

La vieille mère vint à la porte; son aspect m'avait conté l'histoire avant qu'elle n'eût ouvert la bouche – Elle avait perdu son mari; il était mort, dit-elle, de douleur de ce que Maria eût perdu la raison, il y avait un mois environ. – Elle avait craint d'abord, ajouta-t-elle, que cela ne ravît à sa pauvre fille le peu de sens qui lui restait – mais au contraire, cela l'avait en partie rendue à elle-même – cependant elle ne pouvait trouver le repos – sa pauvre fille, dit-elle en pleurant, errait quelque part près de la route –

— Pourquoi mon pouls bat-il avec langueur pendant que j'écris ceci? et qu'est-ce qui fit que La Fleur, dont le cœur semblait ne pouvoir s'accorder qu'à la joie, passa deux fois le revers de sa main sur ses yeux, pendant que cette femme, debout devant nous, nous faisait son récit? Je fis signe au postillon de retourner sur la route.

Quand nous fûmes arrivés à une demi-lieue de Moulins, au débouché d'un petit sentier qui menait à un fourré, je découvris la pauvre Maria assise sous un peuplier – elle avait le coude appuyé sur ses genoux, la tête penchée de côté et reposée sur sa main – un petit ruisseau coulait au pied de l'arbre.

Je dis au postillon d'aller à Moulins avec la chaise – et à La Fleur de commander mon souper – et que je les rejoindrais à pied.

Elle était vêtue de blanc, et telle, dans l'ensemble, que mon ami l'avait décrite, sinon que ses cheveux, naguère roulés dans un réseau de soie, tombaient épars. – Elle avait ajouté à son corset, aussi, un ruban vert pâle qui lui descendait obliquement de l'épaule à la taille, et au bout duquel pendait son chalumeau. – Sa chèvre n'avait pas été plus fidèle que son amant; et elle avait eu un petit chien à la place, qu'elle tenait attaché par une corde à sa ceinture; comme je regardais son chien, elle le tira vers elle avec la corde. – « Tu ne me quitteras pas, Sylvio », dit-elle. Je regardai dans les yeux de Maria, et je vis qu'elle songeait davantage à son père qu'à son amant ou à sa petite chèvre; car en prononçant ces paroles, des larmes coulèrent le long de ses joues.

Je m'assis près d'elle; et Maria me laissa essuyer ses larmes avec mon mouchoir à mesure qu'elles tombaient. – Je le trempai alors dans les miennes – et puis dans les siennes – et puis dans les miennes – et puis de nouveau j'essuyai les siennes – et ce faisant, je sentis en moi des émotions si indescriptibles que je suis bien sûr qu'on ne pourrait les expliquer par aucune combinaison de matière et de mouvement.

Je suis positivement certain d'avoir une âme; et tous les livres dont les matérialistes ont infesté le monde ne pourront jamais me persuader le contraire.

Maria

Quand Maria fut un peu revenue à elle, je lui demandai si elle se rappelait un personnage pâle et maigre qui s'était assis entre elle et sa chèvre, il y avait environ deux ans. Elle dit qu'elle avait l'esprit bien dérangé à cette époque, mais qu'elle se le rappelait pour deux raisons – parce que, toute malade qu'elle fût, elle avait vu que cette personne avait pitié d'elle; et puis parce que sa chèvre avait volé le mouchoir de l'étranger, et qu'elle l'avait battue pour ce larcin – elle l'avait lavé, dit-elle, dans le ruisseau, et depuis elle l'avait toujours gardé dans sa poche pour le lui rendre, au cas qu'elle le revît jamais, ce qu'il lui avait, ajouta-t-elle, à moitié promis. En me racontant cela, elle tira le mouchoir de sa poche pour me le montrer; elle l'avait proprement enveloppé dans une couple de feuilles de vigne, ficelées avec une vrille – en l'ouvrant, je vis un S marqué dans l'un des coins.

Elle avait depuis cela, me dit-elle, erré jusqu'à Rome, et fait une fois le tour de Saint-Pierre – et elle était revenue – elle avait trouvé son chemin toute seule à travers l'Apennin – voyagé par toute la Lombardie sans argent – et sans souliers sur les routes pierreuses de la Savoie – comment elle avait enduré cela, et ce qui l'avait soutenue, elle ne pouvait le dire – mais *Dieu mesure le froid*, dit Maria, *à la brebis tondue.*

Tondue, en effet! et jusqu'au vif, dis-je – et si tu étais dans mon pays, où j'ai une chaumière, je t'y emmènerais, et je t'y abriterais : tu mangerais de mon pain, et tu boirais dans ma coupe – je serais bon pour ton Sylvio – dans toutes tes faiblesses et tes errances, j'irais à ta recherche et je te ramènerais – au coucher du soleil, je dirais mes prières, et quand j'aurais fini tu jouerais sur ton chalumeau ta chanson du soir, et l'encens de mon sacrifice n'en serait pas plus mal accueilli pour entrer au ciel avec celui d'un cœur brisé.

La nature fondit en moi comme je proférais cela; et Maria, observant lorsque je tirai mon mouchoir qu'il était déjà trop mouillé pour servir, insista pour l'aller laver dans le courant. – Et où le sécherez-vous, Maria? dis-je – Je le sécherai dans mon sein, dit-elle – cela me fera du bien.

Et votre cœur est-il toujours aussi chaud, Maria? dis-je.

Je touchais la corde à laquelle tenaient toutes ses douleurs – elle me regarda quelque temps au visage avec un égarement mélancolique; et puis, sans rien dire, elle prit son chalumeau, et joua son office à la Vierge – La corde que j'avais touchée cessa de vibrer – en une ou deux minutes, Maria revint à elle – laissa tomber son chalumeau – et se leva.

Et où allez-vous, Maria? dis-je. – Elle dit qu'elle allait à Moulins. – Allons-y, dis-je, ensemble. – Maria passa son bras sous le mien, et, allongeant la corde pour que le chien suive – dans cet ordre nous entrâmes à Moulins.

MARIA
MOULINS

Quoique je déteste les salutations et les compliments en pleine place du marché, cependant quand nous fûmes au milieu de celle-ci, je m'arrêtai pour regarder Maria une dernière fois, et lui faire un dernier adieu.

Maria, sans être grande, n'en appartenait pas moins au premier rang des formes de la beauté – l'affliction avait donné à son aspect quelque chose d'à peine terrestre – pourtant elle était féminine – et il y avait en elle tant de ce que le cœur peut désirer, ou l'œil rechercher chez une femme, que si l'empreinte du passé pouvait jamais s'effacer de son cerveau, et celle d'Éliza du mien, non seulement elle *mangerait de mon pain et boirait dans ma coupe*, mais elle reposerait sur mon sein, et serait pour moi telle une fille[1]

Adieu, pauvre vierge infortunée ! – que tes blessures s'imbibent de l'huile et du vin que la compassion d'un étranger, tandis qu'il va son chemin, verse sur elles – seul l'être qui t'a meurtrie par deux fois peut les refermer à jamais.

1. Cf. II Samuel, 12.3.

Il n'était rien dont je me fusse promis une si joyeuse débauche d'affections, que de ce voyage au temps des vendanges, à travers cette partie de la France; mais y ayant pénétré par cette porte de douleurs, mes souffrances m'avaient rendu entièrement incapable d'en jouir : à chaque scène de fête, je voyais Maria à l'arrière-plan, assise pensive sous son peuplier; et je fus presque arrivé à Lyon, avant de pouvoir jeter un voile sur elle –

— Chère sensibilité! source inépuisée de tout ce qu'il y a de précieux dans nos joies, ou de coûteux dans nos chagrins! tu enchaînes ton martyr sur son lit de paille – et c'est toi qui l'élèves jusqu'au CIEL – fontaine éternelle de nos sentiments! – c'est ici que je découvre ton empreinte – et c'est ta divinité qui remue en moi – non point qu'à certaines heures mélancoliques et malades « *mon âme se resserre en elle-même, et tressaille à la pensée de la destruction* »[1] – vaine pompe des mots! – mais parce que je sens de généreuses joies et de généreux soucis qui vont au-delà de ma personne – tout vient de toi, grand – grand SENSORIUM du monde! qui vibres pour peu qu'un seul cheveu tombe de nos têtes dans le désert le plus reculé de ta création. – À ton toucher, Eugénius tire

1. Tiré du *Caton* de Joseph Addison (1713), V.1, vers 5-7.

le rideau quand je languis – il écoute le récit de mes symptômes, et accuse le temps du désordre de ses nerfs. Tu en donnes quelquefois sa portion au paysan le plus rude, lorsqu'il traverse les montagnes les plus froides – il trouve tout lacéré l'agneau du troupeau d'un autre – À l'instant je l'ai vu, la tête appuyée sur sa houlette, se pencher au-dessus, le regard plein de pitié – Oh ! si j'étais arrivé un seul moment plus tôt ! – il perd la vie avec son sang – et son cœur à lui, de tendresse, saigne avec l'agneau –

La paix sur toi, généreux berger ! – Je vois que tu t'éloignes, l'âme navrée – mais tes joies rétabliront la balance – car heureuse est ta chaumière – et heureuse est celle qui la partage – et heureux sont les agneaux qui folâtrent autour de vous.

Le souper

Le fer d'un des pieds de devant du limonier menaçant de se détacher alors que nous étions au bas de la côte du mont Tarare, le postillon mit pied à terre, arracha le fer et le mit dans sa poche ; comme la montée était de cinq ou six milles, et que ce cheval était notre principale ressource, j'insistai pour que l'on remît le fer aussi bien que possible ; mais le postillon avait jeté les clous, et le marteau qui se trouvait dans le coffre de la chaise n'étant pas d'une grande utilité sans ces derniers, je me résignai à continuer ma route.

Le pauvre diable n'était pas monté d'un demimille qu'arrivé à un endroit pierreux, il perdit un second fer, celui de son autre pied de devant; je descendis alors de la chaise pour tout de bon; et avisant une maison à un quart de mille environ sur la gauche, je décidai à grand-peine le postillon à prendre de ce côté. L'aspect de la maison et de tous ses alentours, quand nous nous en approchâmes, me réconcilia bientôt avec mon désastre. – C'était une petite ferme, entourée d'une vingtaine d'acres de vignes, et d'à peu près autant de blé – et près de la maison se trouvait d'un côté un *potager* d'une acre et demie, plein de tout ce qui peut entretenir l'abondance dans une maison de paysan français – et de l'autre un petit bois qui fournissait de quoi l'accommoder. Il était environ huit heures du soir quand je parvins à la ferme – je laissai donc le postillon régler son affaire comme il pourrait – et quant à la mienne, j'entrai tout droit dans la maison.

La famille se composait d'un vieil homme à tête grise et de sa femme, de cinq ou six fils ou gendres avec leurs femmes respectives, et de toute une joyeuse généalogie issue de ces derniers.

Ils étaient assis tous ensemble autour de leur soupe aux lentilles; un gros pain de froment était au milieu de la table; et une cruche de vin à chaque extrémité promettait de la joie aux diverses stations du repas – c'était un festin d'amour.

Le vieil homme se leva pour venir à ma rencontre, et avec une respectueuse cordialité, m'invita à me mettre à table : mon cœur s'y était mis dès le moment que j'étais entré dans la pièce; si bien que je m'assis sur-le-champ, comme un enfant de la famille; et pour m'installer dans le personnage aussi vite que possible, j'empruntai aussitôt son couteau au vieil homme, et prenant le pain, je m'en coupai un généreux morceau; et comme je le faisais, je vis tous les regards me témoigner non seulement que j'étais sincèrement bienvenu, mais qu'à cette bienvenue se mêlait la gratitude de ce que je n'avais point paru en douter.

Était-ce cela? ou alors dis-moi, ô Nature, qu'est-ce d'autre qui rendit ce morceau si savoureux? – et quelle magie me fit paraître si délicieuse la rasade que je pris à leur cruche pour l'accompagner, qu'à ce jour tous deux me soient restés sur le palais?

Si le souper fut à mon goût – les grâces qui le suivirent le furent bien davantage.

Quand le souper fut terminé, le vieil homme donna un coup sur la table du manche de son couteau – pour les avertir de se préparer à la danse : à l'instant où le signal fut donné, les femmes et les filles coururent toutes ensemble dans une chambre à l'arrière pour relever leurs cheveux – et les jeunes gens à la porte, pour se laver le visage et quitter leurs sabots ; et en trois minutes chacun se trouva sur une petite esplanade devant la maison, prêt à commencer – Le vieil homme et sa femme sortirent les derniers, et, me plaçant entre eux, s'assirent sur un sofa de gazon à côté de la porte.

Le vieil homme avait été, quelque cinquante ans plus tôt, un joueur de vielle tout à fait respectable – et à l'âge qu'il avait maintenant, il la touchait assez bien pour la circonstance. Sa femme de temps à autre l'accompagnait un peu de la voix – puis s'interrompait – puis reprenait avec son homme pendant que leurs enfants et leurs petits-enfants dansaient devant eux.

Ce ne fut qu'au milieu de la seconde danse que, à certaines pauses dans leurs mouvements pendant lesquelles ils paraissaient tous lever les yeux, je me figurai que j'y pouvais distinguer une élévation d'esprit différente de celle qui est la cause ou l'effet de la simple gaîté. – En un mot, je crus que je voyais la *Religion* se mêler à la danse – mais comme je ne l'avais jamais vue ainsi affairée, j'aurais vite regardé cela comme l'une des illusions de cette imagination qui m'égare perpétuellement, si le vieillard ne m'eût dit, sitôt la danse finie, qu'ils faisaient toujours de la sorte ; et que toute sa vie il s'était fait une règle, après le souper, d'inviter sa famille à danser et à se réjouir : croyant, dit-il, qu'un cœur enjoué et content était la meilleure espèce de remerciements que pût offrir au ciel un paysan illettré –

— Ou un savant prélat, aussi bien, dis-je.

Le cas de délicatesse

Quand on a atteint le haut du mont Tarare, on descend bientôt vers Lyon – adieu, alors, à toute rapidité de mouvement ! On ne voyage plus qu'avec précaution ; et puis il vaut mieux pour les sentiments qu'on ne les précipite pas trop en chemin ; je fis donc marché avec un voiturin pour qu'il prît son temps avec une couple de mules, et me conduisît sain et sauf dans ma chaise à Turin, par la Savoie.

Pauvre peuple, patient, paisible, honnête ! n'ayez crainte ; votre pauvreté, le trésor de vos simples vertus, ne vous seront pas enviés par le monde, et il n'envahira point vos vallées. – Nature ! au milieu de tes désordres, tu as encore de la bienveillance pour cette parcimonie que tu as fait naître – avec tous ces grands ouvrages dont tu es entourée, il te reste peu de chose à donner à la faux ni à la faucille – mais à ce peu de chose, tu accordes sûreté et protection ; et douces sont les demeures qui sont ainsi abritées.

Que le voyageur harassé se répande donc en plaintes contre les brusques détours et les dangers de vos routes – vos rocs – vos précipices – la difficulté de l'ascension – les horreurs de la descente – les montagnes impraticables – et les cataractes qui roulent de grandes pierres depuis leurs sommets, et lui barrent le chemin. – Les paysans avaient travaillé toute la journée à écarter un fragment de cette sorte entre Saint-Michel et Modane ; et quand mon voiturin fut arrivé à cet endroit, il fallait encore deux bonnes heures de travail avant que l'on pût s'assurer du moindre passage : il n'y avait rien à faire qu'à attendre patiemment – c'était une nuit de pluie et de tempête ; si bien qu'à cause du délai et du temps tout ensemble, le voiturin se vit contraint de faire halte cinq milles avant sa station, dans une espèce de petite auberge décente au bord de la route.

Je pris immédiatement possession de ma chambre à coucher – fis faire un bon feu – commandai à souper ; et je remerciais le ciel de ce que ce n'était rien de pis – lorsque arriva une voiture avec une dame et sa chambrière.

Comme il n'y avait pas d'autre chambre à coucher dans la maison, l'hôtesse, sans faire trop de façons, les amena dans la mienne, leur disant, au moment où elle les faisait entrer, qu'il ne s'y trouvait personne qu'un monsieur anglais – qu'il y avait dedans deux bons lits, et un cabinet qui en contenait un troisième – le ton sur lequel elle parla de ce troisième lit n'était guère en sa faveur – néanmoins, continua-t-elle, il y avait trois lits, et seulement trois personnes – et ce monsieur, elle l'osait dire, ferait tout pour arranger les choses. – Je ne laissai pas à la dame le temps de faire là-dessus la moindre conjecture – je déclarai donc à l'instant même, que je ferais tout ce qui était en mon pouvoir.

Comme cela ne revenait pas à un abandon absolu de ma chambre à coucher, je m'en sentais encore assez le propriétaire pour avoir le droit d'en faire les honneurs – j'engageai donc la dame à s'asseoir – la pressai de prendre la place la plus chaude – demandai plus de bois – priai l'hôtesse d'augmenter le menu du souper, et de nous favoriser de son meilleur vin.

La dame se fut à peine chauffée cinq minutes auprès du feu, qu'elle se mit à tourner la tête, et à jeter des regards vers les lits ; et plus elle jetait les yeux de ce côté, plus ils en revenaient perplexes – je souffrais pour elle – et pour moi-même ; car en quelques minutes, entre ses regards et l'état de la situation, je me trouvai tout aussi embarrassé qu'elle-même pouvait l'être.

Que les lits où nous devions coucher fussent dans une seule et même chambre suffisait déjà, en soi, à exciter tout ceci – mais leur disposition, car ils étaient parallèles, et tellement rapprochés l'un de l'autre qu'il ne restait plus entre eux que la place d'une petite chaise d'osier, nous rendait l'affaire plus pénible encore – ils étaient fixés, en outre, près du feu, et l'avance de la cheminée d'une part, et de l'autre une grosse poutre qui traversait la pièce, leur formait une espèce de réduit qui n'était nullement favorable à la délicatesse de nos sensations – si quelque chose avait pu ajouter à l'embarras, c'était que les lits étaient tous deux si étroits qu'ils interdisaient toute idée de faire coucher ensemble la dame et la chambrière; eût-ce été faisable dans l'un ou dans l'autre, la perspective que je couche à côté d'elles, si peu souhaitable qu'elle fût, n'aurait rien eu de si terrible que l'imagination ne pût passer outre sans se trouver au supplice.

Quant à la petite pièce attenante, elle offrait peu ou point de consolation : c'était un cabinet froid et humide, avec un volet à moitié démantibulé et une fenêtre sans vitre ni papier huilé pour repousser la tempête de la nuit. Je n'essayai pas de réprimer ma toux quand la dame y jeta un coup d'œil; si bien qu'à la fin le cas se trouva réduit à cette alternative – soit la dame sacrifiait sa santé à ses sentiments, prenait elle-même le cabinet, et abandonnait à sa chambrière le lit voisin du mien – soit la fille prenait le cabinet, etc., etc.

La dame était une Piémontaise d'environ trente ans, aux joues brillantes de santé. – La suivante était une Lyonnaise de vingt, aussi vive et alerte que Française le fut jamais. – Il y avait des difficultés de tous côtés – et la pierre qui nous avait barré la route et jetés dans ces ennuis, toute grande qu'elle paraissait tandis que les paysans la déplaçaient, n'était qu'un caillou au prix de ce qui se trouvait maintenant devant nous – j'ajouterai seulement, et cela n'était pas de nature à diminuer le poids qui accablait nos esprits, que nous étions l'un et l'autre trop délicats pour nous communiquer ce que nous éprouvions à cette occasion.

Nous nous assîmes pour souper; et si nous n'avions pas eu de vin plus généreux que n'en pouvait fournir une petite auberge de Savoie, nos langues fussent restées liées jusqu'à l'heure où la nécessité même leur aurait rendu la liberté. Mais la dame ayant quelques bouteilles de bourgogne dans sa voiture, en envoya chercher une couple par sa servante; de façon que lorsque le souper fut terminé, et que nous fûmes seuls, nous nous sentîmes inspirés par une force d'âme suffisante pour parler, du moins, sans réserve de notre situation. Nous la retournâmes en tous sens, et la débattîmes et la considérâmes sous tous les angles dans le cours de deux heures de négociation; au bout de quoi les articles furent définitivement arrêtés et stipulés entre nous, dans la forme et manière d'un traité de paix – et, je crois, avec autant de religion et de bonne foi de part et d'autre, que dans aucun traité qui ait encore eu l'honneur d'être transmis à la postérité.

Ils étaient conçus comme suit :

1°. Comme le droit de la chambre à coucher appartient à monsieur, et qu'il juge que le lit voisin du feu est le plus chaud, il exige de la part de madame cette concession, qu'elle le prendra.

Accordé du côté de madame ; sous cette réserve que, les rideaux de ce lit étant faits d'un coton léger et transparent, et paraissant de plus trop étroits pour être rigoureusement tirés, la *fille de chambre* en fermera le bâillement, soit avec de grosses épingles, soit avec une aiguille et du fil, de telle manière qu'ils soient jugés une barrière suffisante du côté de monsieur.

2°. Il est requis, de la part de madame, que monsieur couche toute la nuit dans sa robe de chambre.

Rejeté : attendu que monsieur ne vaut point une robe de chambre, n'ayant dans son portemanteau que six chemises et une culotte de soie noire.

La mention de la culotte de soie noire fit un changement total dans cet article – car la culotte fut acceptée comme un équivalent de la robe de chambre, et il fut par conséquent stipulé et convenu que je coucherais toute la nuit dans ma culotte de soie noire.

3°. Il a été exigé et stipulé par madame, qu'une fois monsieur au lit, et la chandelle et le feu éteints, monsieur ne prononcerait pas un seul mot de toute la nuit.

Accordé; pourvu que le fait que monsieur dise ses prières ne fût pas regardé comme une infraction au traité.

Il n'y avait qu'un point d'omis dans ce traité, et c'était la manière dont la dame et moi serions obligés de nous déshabiller et de nous mettre au lit – il y avait une seule façon de le faire, et je la laisse à concevoir au lecteur; tout en protestant que si elle n'est pas la plus délicate de toute la nature, c'est la faute de son imagination à lui – dont ce n'est pas la première fois que j'ai à me plaindre.

Or quand nous fûmes au lit, était-ce la nouveauté de la situation ou autre chose, je n'en sais rien; mais quoi qu'il en fût, je ne pus fermer l'œil; j'essayai d'un côté, et puis de l'autre, me tournai et me retournai, jusqu'à une bonne heure passé minuit; et alors, la nature et la patience étant à bout – Oh, mon Dieu! m'écriai-je –

— Vous avez rompu le traité, monsieur, dit la dame, qui n'avait pas plus dormi que moi. – Je lui demandai mille pardons – mais soutins que ce n'était rien de plus qu'une oraison jaculatoire – elle maintenait que c'était une infraction pleine et entière au traité – je maintenais que le cas était prévu dans la clause du troisième article.

La dame ne voulait en aucune façon abandonner ce point, quoiqu'elle affaiblît par là sa barrière ; car dans la chaleur de la discussion, j'entendis deux ou trois grosses épingles tomber du rideau sur le sol.

Sur ma parole et mon honneur, madame, dis-je – étendant le bras hors du lit, pour affirmer ma bonne foi –

— (J'étais sur le point d'ajouter, que pour rien au monde je n'aurais voulu attenter à la moindre idée de décorum) –

Mais la *fille de chambre*, entendant que nous nous prenions de paroles et craignant qu'il ne s'ensuivît des hostilités à la longue, s'était faufilée silencieusement hors de son cabinet, et comme il faisait tout à fait noir, s'était glissée si près de nos lits qu'elle s'était introduite dans le passage étroit qui les séparait, et s'y était avancée assez loin pour être juste entre sa maîtresse et moi –

Si bien que lorsque j'étendis la main, je saisis la *fille de chambre* par

FIN DU SECOND VOLUME

Table

Volume II

pca
cmb
édition pré-presse
livres numériques

44400 Rezé

Cet ouvrage a été imprimé par
CPI Bussière
pour le compte de France Loisirs
en avril 2017

Numéro d'éditeur : 88664
Numéro d'imprimeur : 2029185
Dépôt légal : avril 2017
Imprimé en France